클로버

클로버

초 판 1쇄 2022년 05월 17일

지은이 홍선영
펴낸이 류종렬

펴낸곳 미다스북스
총괄실장 명상완
책임편집 이다경
책임진행 김가영 신은서 임종익 박유진

등록 2001년 3월 21일 제2001-000040호
주소 서울시 마포구 양화로 133 서교타워 711호
전화 02) 322-7802~3
팩스 02) 6007-1845
블로그 http://blog.naver.com/midasbooks
전자주소 midasbooks@hanmail.net
페이스북 https://www.facebook.com/midasbooks425
인스타그램 https://www.instagram.com/midasbooks

ⓒ 홍선영, 미다스북스 2021, *Printed in Korea*.

ISBN 979-11-6910-021-2 03190

값 15,000원

CLOVER MAKE A FORTUNE

클로버

인생의 행운을 만드는 마법의 노하우

홍선영 지음

미다스북스

행운을 찾아내고 성공으로 만들어라!

저마다의 꿈을 가지고 시작한 20대!

어린 시절 막연하게 생각했던 20대의 삶은 젊고 활기찬, 미래지향적인 것이었다. 기성세대가 이뤄온 세상의 중심으로 들어가 새로운 주류가 될 것이라 생각했다. 이사한 새집 열쇠를 건네받으면 주인이 되어 내 집을 꾸미듯 사회생활의 문이 열리면 주인공이 될 거라 기대했다. 기대가 컸던 것일까? 현실은 희망적이지만은 않았다. 누군가는 젊음이 있으니 걱정하지 말라고 하지만 그런 말로 위로되지 않는 순간의 연속이다. 오죽하면 '이생망', '3포 세대'라고 할까? 3포 세대는 연애, 결혼, 출산을 포기한 세대를 뜻한다. 20대는 만만치 않은 역경의 시간이다.

2020년 취업을 준비하는 20대와 30대 청년들을 대상으로 스피치 교육을 진행했을 때의 일이다. 다양한 직업군의 사람들이 모였고 나이대도 다양했는데 그중 가장 나이 어린 20대 청년이 적극적으로 수업에 참여하며 인기가 많았다. 이틀간의 과정 중 이틀째 되던 날 다소 의기소침한 분위기로 질문했다.

"저는 지금 인생이 너무 힘들어요. 취업도 해야 하는데 잘 되지 않고 고향에 계신 가족들은 돌아오라고 하는데 어떻게 해야 할지 모르겠어요. 뭘 해도 잘 안 되는데 조금 지나면 괜찮아질까요? 저만 이렇게 힘든가요? 여기 계신 분들은 모두 제 나이를 경험했잖아요. 다시 20대로 돌아가고 싶으세요?"

청년의 질문에 강의장 분위기는 술렁였다. 모두 취업이라는 목표로 모였으니 힘든 마음은 충분히 공감했고 저마다 20대의 자신을 떠올렸다. 마음은 한결같았다. 용기를 주는 말을 하고 싶었다. 사람들은 "잘될 거야."라고 말하기에 뭔가 미안한 마음이지만, 아직 젊으니까 기회가 있을 것이라는 말을 했다. 그리고 20대로 돌아가고 싶은지에 대한 질문의 대답은 일치했다.

"20대로 돌아가고 싶지 않아."

사건을 계기로 나의 20대를 떠올려보았다. 지금이 너무 힘들고 싫다고 했던 그 시절, 시간이 빠르게 지나가기만 기다렸던 나의 20대를. 본인 또한 교육에서 만난 청년처럼 힘든 20대를 보냈고 우리 모두의 20대는 순탄하지 않았다. 희망보다는 '내가 성공할 수 있을까?'라는 두려움이 더 컸던 시기였다. 그때는 나에게만 있는 역경이고 시련이라 생각했다.

돌아보면 20대의 힘든 시간이 오늘의 나를 있게 했다. 누구에게나 크고 작은 역경이 있다. 그러한 역경은 성장하기 위한 과정이다. 처음 걸음마를 배울 때부터 순탄한 여정은 아니었다. 누구의 도움 없이 땅 위를 걷는 불안감을 경험하면서도 시도했고 성공했다. 처음 제자리에서 일어나 한 걸음 걷기까지는 시간이 걸리지만, 어느 정도 지나면 걷기와 뛰기가 가능하다. 그리고는 빠른 성장을 하게 된다. 수백 번 넘어지고 다치고 그러기를 몇 년을 해서야 온전히 걸을 수 있다. 무의미한 시간은 없다. 알아차리지 못했을 뿐 우리는 조금씩 성장하고 있다.

지금의 내가 과거 20대의 나를 만난다면 어떤 말을 할까? 불안해하지 말라고 자신을 믿고 희망을 품어보라고 말하고 싶다. 과거의 나에게 이야기하듯 청년들에게 용기와 희망을 주는 메시지를 전하고 싶다. 당신이 할 수 있다는 용기를 채웠으면 하는 바람이다.

"젊으니까 뭐든 할 수 있을 거야!"

"노력하면 누구든 성공할 수 있어!"

이런 말이 현실적이지 않게 들릴 수도 있다. 그런데도 우리는 회복해야 하고 진취적으로 나아가야 한다. 특히나 20대와 30대는 전 생애 중 인생의 흐름을 바꿀 절호의 시기이다. 어느 때보다 열정적인 태도로 도약해야 인생의 성공을 경험할 수 있다.

누구에게나 인생의 행운은 찾아온다.

다만 행운을 성공으로 만드는 사람은 드물다.

이 책을 펼친 당신은 행운을 성공으로 만들 수 있다.

당신은 지금도 충분히 멋지지만, 더욱 멋진 날이 기다리고 있다!

‘내가 성공할 수 있을까?’라는 심정으로 책을 접한 여러분이었다면 마지막에는 ‘그래, 나도 성공할 수 있어!’라는 확신을 채울 수 있을 것이다.

이 책을 펼친 당신은 행운을 성공으로 만들 수 있다.
당신은 지금도 충분히 멋지지만, 더욱 멋진 날이 기다리고 있다!

CONTENTS

현재가 아닌 인생 전체를 그려보자.
당신에게 남은 시간만큼 역전의 기회는 언제든 있다.

MAKE A FORTUNE

PART 01
___

작은 일상에서부터
희망을 찾아라

1

기회는 계속해서 올 것이다

홈쇼핑을 시청하다 보면 자주 듣게 되는 쇼 호스트의 말이 있다. "이제 수량 얼마 남지 않았습니다. 가장 인기 있는 색상은 매진이고요. 오늘만 이 구성, 이 가격으로 구매하실 수 있습니다." 듣고 있자면, 지금 구매하지 않으면 다시없는 기회를 놓치는 일인 것만 같아 꼭 구매해야 한다는 생각이 든다. 그래서일까? 어느덧 내 손에는 휴대폰이 쥐어져 있고, 다른 한 손은 홈쇼핑의 자동주문 전화번호를 터치하고 있다. 여러 인증 단계를 거치고 나니, 완판되어 재고가 없다는 음성 메시지에 나의 느린 행동을 원망한다.

느린 행동을 원망했던 사건이 잊힐 때 즈음 홈쇼핑에서는 먼저와 비슷한 상품을 다시 소개한다. 지금까지 이런 구성은 없었다며 마지막 구성이라던 상품은 아직도 남아 있다. 가끔은 앞선 상품의 구성보다 더 좋은 구성으로 할인 혜택이 추가되기도 한다. 이럴 땐 행동이 느려서 다행이다. 홈쇼핑을 이용하며 마지막이라고 생각했던 구성은 기다리면 또 소개된다는 것을 경험을 통해 알게 되었다.

인생에도 마지막은 없다. 지금 아니면 안 되는 순간도 없다. 기다리면 기회는 다시 찾아온다. 이 사실을 알지 못하는 사람은 지금 성공하지 못할까 봐 조바심을 낸다. 기회가 없다고 생각하니 서두르게 되고, 서두른 행동은 서투른 결과를 만든다. 서투른 결과는 스스로 좌절하게 만든다. 서두르지 말자. 지난 행동에 후회하지 않아도 된다. 지금 아니면 안 된다고 마음 졸이며 안타까울 필요도 없다. 미래를 알고 있다는 듯 지금이 마지막이라고 속단하는 자만을 버려라. 기다리면 기회는 또 온다. 이 사실을 알고 있다면 서두른 행동의 서투른 결과도 없다.

인생은 한 치 앞을 알 수 없다는 것을 보여주듯 스페인에서 열린 철인 3종 경기의 최종 순위는 예상을 벗어났다. 스페인에서의 철인 3종 경기가 예상을 벗어난 건 마지막 코스인 마라톤 결승점을 100m 남겨둔 지점에서의 일이다. 3위로 달리던 선수가 마라톤 코스를 이탈하여 막다른 펜스에 부딪혀 넘어진다. 이미 순위는 바뀌어 4위가 되어 있었다. 일어나 전력 질주를 해보지만 바뀐 순위를 뒤집기에 100m의 거리는 역부족이다. 이렇게 경기가 끝나는 줄 알았다. 그런데 결승선 앞에서 추월했던 선수가 속도를 줄이고 기다리는 것이 아닌가? 이변이 일어났다. 역전에 성공한 멘트리다는 결승선 앞에서 동메달을 양보하며 경쟁자를 기다리고 있었다.

철인 3종 경기는 수영, 사이클, 마라톤을 연이어서 하는 경기다. 중간에 휴식 없이 경기가 진행되어 극한의 인내심과 체력이 필요하다. 마지막 코스인 마라톤에서 선수들은 비축해 두었던 마지막 힘까지 쏟아내며 결승을 향해 전진한다. 힘든 경기인 만큼 순위를 양보하는 것은 어려운 일이다. "순위를 양보하다니 아쉽지 않은가요?"라는 인터뷰 질문에 멘트리다는 "동메달을 놓친 것보다 이번 대회 우승자인 하비에르 고메스 노야와 사진을 찍을 수 없어 속상합니다."라고 위트 있는 소감을 전한다. BBC를 비롯한 언론은 멘트리다가 진정한 스포츠맨십을 보였다며 찬사를 보냈다. 주최 측은 예외적으로 사람들에게 스포츠의 가치를 전한 멘트리다에게 명예 3위의 입상 자격과 상금을 수여한다. 멘트리다의 수상 소감을 들은 하비에르 고메스 노야는 뒤늦게 같이 사진을 찍었다.

3위를 양보하였지만 멘트리다는 명예 3위 수상과 1위 선수와의 기념사진을 모두 얻었다. "티글은 경기 내내 저보다 앞서 달렸어요. 그가 3위를 하는 것은 당연해요. 이것이 정의로운 행동입니다."라는 말을 할 수 있었던 건 지금 말고도 기회가 있다는 것을 알았기 때문이었다. 앞으로도 기회가 있다는 생각은 정의로운 결정을 내리도록 도움을 준다.

기회가 지금밖에 없다고 생각한다면 우리의 행동은 어떠할까? 당신이 있는 이곳이 단 한 번의 기회만 주어진 오디션장이라 생각한다면 어깨에 산을 들고 있는 듯한 무게감이 느껴질 것이다. 어깨를 통해 온몸으로 전해지는 무게감은 신중한 판단과 날렵한 움직임을 방해한다. 평소 정도의 실력을 발휘하려면 더 많은 집중력과 에너지가 소모된다. 어깨의 짐을 내려두자.

지금이 마지막 기회라니? 인생은 알 수 없다. 앞서기도 하고 때로는 선두를 따라갈 수 없을 만큼의 거리로 뒤처지기도 한다. 현재가 아닌 인생 전체를 그려보자. 당신에게 남은 시간만큼 역전의 기회는 언제든 있다.

♣ 우리에게는 아직 남은 시간이 많다

100세 시대를 넘어 500세 시대까지 은퇴 없는 실버 생활의 시작. 영화 속 이야기 같지만 현실성 있는 이야기이다.

2013년 구글이 설립한 칼리코에서는 500세까지 인간의 수명을 연장하는 프로젝트가 진행 중이다. 500세의 수명 연장의 가능성은 늙지 않는 동물인 아프리카 벌거숭이두더지쥐를 발견하면서 기대를 모으고 있다. 이름처럼 털이 별로 없는 벌거숭이두더지쥐는 죽을 때까지 거의 노화가 진행되지 않는 동물로 확인되었다. 질병에 걸려도 다른 포유류와 달리 통증을 느끼지 않고, 암에도 걸리지 않는다. 벌거숭이두더지쥐 DNA의 비밀이 밝혀진다면 인간의 질병에 대한 고통 해소와 500년의 생명 연장은 현실 가능한 일이 될 것으로 전망하고 있다.

500세 시대까지는 아니더라도 현재의 의료 수준은 이미 100세 시대를 넘어 120세 시대로 접어들고 있다. 영국 옥스퍼드 대학의 블랙모어 신경생물학과 교수는 2050년이면 인간의 평균 수명이 120세가 될 것이라고 밝혔다.

120세라는 인생 전체를 본다면 살아온 날보다 아직 살아야 할 날이 더 많다. 만약 당신이 20대라면 앞으로 100여 년의 삶이 남아 있다. 100년이라는 시간 동안 당신에게 찾아오는 기회가 과연 오늘뿐일까? 오늘 실수했다고 해서 남은 100년의 삶이 실패한 삶이 될 것이라고 할 수 없다.

결승선에 들어와서야 승자를 알 수 있는 마라톤과 같이 인생은 결승선까지 가봐야 승자를 알 수 있다. 당신의 인생에 오늘 하루가 어떤 영향력을 발휘할지 아직은 알 수 없다. 알 수 없으니 당신은 아직 실패하지 않았다.

인생 전체를 볼 때 당신은 아직 시작점에서 달리고 있다. 중간에 방향을 잃어 넘어졌다고 해도 다시 경로를 찾아 달릴 수 있는 시간이 있다. 기회는 오늘만 있는 것이 아니다. 살아가는 동안 언제든 기회는 다시 올 수 있다. 오늘이 마지막인 것처럼 생각하고, 그런 생각의 부담감으로 스트레스받지 말자. 오늘의 사건이 당신 인생에 영향을 줄 수는 있지만, 결과는 아니다. 오늘이 끝이라고 생각한다면 후회와 좌절이 있지만, 아직 과정이라고 생각한다면 내일 무엇을 할지를 계획하게 된다. 우리는 지금 인생의 과정을 살고 있다. 오늘을 후회하기보다 내일을 준비하자. 기다리면 기회는 또 찾아온다.

힘들다고 느낀 순간 고통에서 벗어나는 방법

1. 현재가 아닌 미래를 내다 보는 안목을 가져본다.

2. 현재 내가 느끼는 행복 또는 고통은 지속되지 않는다.

   미래의 행복을 찾아 가는 과정에서 우리는 더 큰 행복을 경험한다.

https://youtu.be/k6e6i479z74

2
내 삶, 이 정도면 살 만하다

지금 나의 삶, 이 정도면 살 만한가? 얼마 전 초등학생들이 자신의 삶을 SNS에 공개하여 친구들에게 질문하며 반응을 살펴보는 기사가 소개되었다. 학생들은 SNS에 자신이 사용하는 휴대폰 기종, 다니는 학원의 수, 용돈 정도를 기록한다. 그리고 불특정 다수에게 이 정도면 살 만한 수준인지를 질문한다.

그 질문에 반응은 다양하다. '좋아요'를 보내는 이도 있고 '화나요'를 보내는 이도 있다. 한 달에 용돈 3만 원을 받는 친구에게는 그 정도로는 살 만하지 않다는 댓글이 달린다. 한 달에 용돈 6만 원을 받는 친구에게는 살 만하다는 댓글이 달린다. 아이들이 생각하는 이 정도면 살 만한지를 평가하는 기준은 휴대폰 기종과 용돈, 다니는 학원 가짓수 등이었다. 이들은 이 정도면 살 만한 것인지 객관적으로 진단받을 수 있다는 이유로 자신의 삶을 공유한다고 한다. 때로는 댓글을 통해 위로받기 위해 글을 올리는 학생도 있었다. 학원을 많이 다녀 힘들겠다는 댓글에 위로를 받는다는 것이다.

기사를 접하고 자신의 삶을 누군가가 객관적으로 평가하는 것이 가능한가 하는 의문이 들었다. 이 정도면 살 만한지에 대한 기준은 자신이 정하는 것이지 타인이 정할 일이 아니다. 저마다 능력치가 다르고 기준치가 다르다. 객관적인 평가 자체가 불가능한 영역이다. 평가 불가능한 영역에 있어 타인의 평가로 흔들리지 말자. 잘 사는 것은 어떤 삶인지 스스로 기준을 설정해야 한다. 주변에는 자신보다 더 잘 살아 보이는 사람도 있고 반대의 경우도 있다. 그들의 기준이 아닌 자신의 기준으로 잘 살고 있다면 잘 살고 있는 것이라고 할 수 있다. 남들의 평가보다 스스로 내리는 평가가 더 중요하다.

'이 정도면 살 만한가?'라는 질문은 보통의 삶을 살아가고 있는지에 관한 질문이다. 남들 정도의 보통의 삶을 살아가고 있다면 안심이 된다. 반대의 경우라면 불안감을 느낀다. 보통의 삶이라는 것은 넘치도록 행복하지도 않지만, 불행하지도 않은 정도의 삶이라고 할 수 있다. 동양에서는 이를 중용이라 표현하고 있다.

유원기, 이창우의 『아리스토텔레스』에서는 중용을 밥에 비유하여 쉽게 설명하고 있다. 밥이 한 공기 있을 때 반 공기 정도를 먹는 것이 중용이다. 포만감에 넘치도록 배부르지도 않지만 그렇다고 크게 부족하게 느끼지도 않는 상태이다. 평소 소식하는 사람에게는 반 공기가 적당한 중용이다. 평소 두 공기의 밥을 먹어야 포만감을 느끼는 사람에게는 한 공기 반 정도의 밥을 먹어야 중용에 해당한다. 결국, 개인에 따라 중용은 다르다. 보통의 기준이 다르다는 것이다.

우리는 살면서 주위를 자주 둘러보게 된다. 타인과 비교해서 자신이 어느 정도인지를 알고 싶어 한다. 학창 시절 시험 준비 기간이면 자신이 시험 준비를 잘하고 있는지 알기 위해 친구들의 공부량을 질문한다. 친구와 공부량이 비슷하다면 이 정도면 괜찮다고 안심한다. 친구와 비교해서 공부량이 부족하면 질세라 더 많은 시간 공부에 시간을 투자한다. 하지만 삶의 기준은 다르다. 잘 살고 있다는 기준은 스스로가 원하는 삶을 살고 있는지가 기준이다. 당신에게는 잘 산다는 것에 관한 기준이 있는가?

♣ 잘 살고 있다는 기준은 스스로 정한다

'이 정도면 살 만한가?'라는 질문은 타인이 아닌 자신에게 해야 하는 질문이다. 스스로 이 정도면 살 만한 삶이라는 자신만의 기준이 있는지 자문해보아야 한다. 삶을 살아가는 기준과 목표에 있어서 물질적인 기준이 그릇된 것이라 전면 부정하고자 하는 것은 아니다. 개인적인 욕구에 따라 잘 살고 있는 삶의 기준이 얼마든지 달라질 수 있다.

개인의 성장 욕구를 가진 사람이라면, 본인이 목표하는 성장을 이루었을 때 만족감을 경험한다. 가족과의 유대감과 정서적 안정 욕구를 가진 사람이라면 안정된 가정생활을 경험했을 때 잘 살고 있다고 생각한다. 이만하면 잘 살고 있는지에 대해 타인의 기준에 따라 평가할 필요는 없다.

우리에게 잘 알려진 일화로 알렉산더 대왕과 디오게네스의 일화가 있다. 기원전 5세기, 세계를 정복한 알렉산더 대왕은 행복에 대한 가르침을 받고자 디오게네스를 찾아간다. 알렉산더 대왕은 디오게네스 앞에서 공손히 대화를 시작했다.

"그대가 원하는 것이 무엇인지 말해보시오. 내가 무엇이든 해드리겠소."

"왕께서 지금 저의 햇빛을 가리고 계십니다. 대왕께서 저의 햇빛을 가리지 않게 옆으로 비켜주시는 것이 제가 원하는 것입니다."

여러분이 만약 디오게네스라면, 원하는 것을 들어준다는 알렉산더 대왕에게 어떤 부탁을 할 것으로 예상하는가? 최소한 햇빛을 가리지 말아 달라고 부탁하지는 않을 것이다. 디오게네스가 이러한 대답을 할 수 있었던 것은 물질적인 풍요가 삶의 목표와 기준이 아니었기 때문이다.

디오게네스는 햇볕을 쬐는 것만으로도 행복을 누릴 수 있었다. 지금 이 정도면 살 만하다고 생각하는 자신만의 기준이 있었기에 가능한 대답이다. 타인에게 질문하는 이유는 자신의 욕구를 고민하지 않아서이다. 남들만큼은 하고 있는지 미래에 대해 불안감을 느끼는 것도 원인이다. 남들보다 뒤처지는 것이 불안하다. 중간 정도 하고 있으면 안심인데 그마저도 잘하고 있는지 확인받고 싶어진다. 개인마다 성장 속도는 다르다. 지금 느리게 느껴질 수도 있다. 느리다는 것은 개개인의 차이이지 못한다는 것은 아니다.

♣ 처음부터 잘하는 사람은 없다

처음부터 잘하는 사람은 없다. 우리는 결과를 얻기 위해 반복된 행동과 노력을 한다. 기억하기 어렵겠지만 걸음마를 배우던 시절에도 우리는 힘겨운 연습을 했다. 처음부터 걷기 시작하는 사람은 없다. 힘들게 자리에서 일어나는 것부터 시작한다. 다리에 힘이 생기면 한 걸음씩 걷기를 시작한다. 몇 년이 지나도 넘어지고 다치며 걷기를 배운다.

어떤 아이는 돌이 지나 걷기도 하지만 개인마다 다르다. 사람마다 성장 속도가 다르지만, 어느 정도의 시간이 지나면 누구나 걷는 데 익숙해진다. 이 시절 우리는 이미 수만 번의 노력으로 성장하는 과정을 경험했다. 누구의 도움 없이 땅 위를 걷는 불안감을 경험하면서도 시도했고 성공했다. 처음 자리에서 일어나서 한 걸음을 걷기까지는 시간이 걸리지만, 어느 정도 시간이 지나면 걷기와 뛰기가 가능하다. 그리고는 빠른 성장을 하게 된다.

우후죽순(雨後竹筍)이라는 말이 있다. 비가 온 뒤 대나무가 빠르게 자란다는 말이다. 대나무는 처음부터 빠르게 성장하지 않는다. 씨를 뿌리고 4년이 지나도 30cm 크기 정도밖에 자라지 못한다. 5년 이후부터는 상황이 다르다. 폭발적으로 성장하기 시작한다. 이 시기부터는 하루에 7cm에서 많게는 80cm까지 자라기 시작한다. 대나무는 5년 동안 성장을 멈춘 것이 아니다. 5년 이후 폭발적인 성장을 위해 뿌리를 땅 밑에 깊게 내리고 준비한 것이다.

지금의 자신에 대해 불안해하지 말자. 다른 사람들의 SNS를 보고 그들의 삶을 부러워하지 말아라. 그들의 삶과 자신을 비교하며 잘 살고 있지 않다고 자신의 삶을 부정하지 말자. 스스로 잘 살고 있는 기준을 찾아보자. 한 마리 제비가 왔다고 봄이 왔다 할 수 없고, 오늘 날씨가 따뜻하다고 여름이 온 건 아니다. 지금 잘 살고 있다고 해도, 잘 살기 위해 노력하지 않으면 내일은 잘 살고 있지 않을 수 있다. 항상 당신의 성장을 준비해라. 성장 속도는 개인마다 다르다. 당신이 알아차리지 못 할 뿐이지, 당신은 지금도 성장하고 있다.

3

타인의 말을 성장의 발판으로 삼아라

"막걸리 위에 솜사탕을 얹는다고?"

막걸리와 솜사탕의 조합. 상상만 해도 어색하다. 전통주 하면 넓은 사발에 담은 막걸리에 파전이 떠오르는 팀장에게 와인잔에 담긴 막걸리와 솜사탕은 상상할 수 없는 조합이다. 40대 팀장의 감성으로는 도저히마음에 들지 않지만, 출시를 허락했다. 그렇게 출시된 솜사탕 막걸리는매장에서 인기 상품이 되었다. 팀장의 머리로 이해할 수 없지만, 직원의 의견을 들어준 결과 예상치 못한 히트 상품이 탄생했다.

공자의 말 중에 삼인행필유아사(三人行必有我師), 즉 "사람 셋이 함께 길을 가면 그중에 반드시 내가 배울 만한 스승이 있다."라는 말이 있다. 누구에게나 배울 점이 있고, 상대가 누구든 간에 배울 수 있다는 열린 마음을 가지라는 뜻으로도 해석할 수 있다. 당신은 누구에게든 배울 수 있는 열린 마음을 가지고 있는가? 상대의 나이가 어리다고, 상대의 경력이 얼마 되지 않는다고 하찮게 여긴 적은 없었는가? 누구에게나 배울 점은 있다. 타인의 조언에 열린 자세로 귀를 기울인다면 당신에게 더 많은 인생의 기회가 생긴다.

♣ 조언을 받아들이기 힘든 이유

상반기 신상품 출시 결과 보고서를 작성 중인 김 대리. 팀원들에게 먼저 내용을 공개하고 수정사항이 있는지 점검하여, 최종 보고서를 보완하기로 했다. 김 대리의 프레젠테이션이 끝나자 팀원들은 여러 의견을 제안하기 시작했다.

"보고서에 텍스트가 많은데요. 이미지를 추가하면 더 좋을 것 같아요."

"여기는 설명할 부분이 꼭 필요해서 텍스트를 많이 쓸 수밖에 없었어요."

"뒤에 실적 부분은 좀 더 눈에 잘 들어오게 다른 컬러를 사용해서 대비되게 하는 것도 좋겠어요."

"보고서 전체 컬러가 무채색이라 다른 대비되는 컬러를 사용하면 너무 도드라질 수도 있어서 이렇게 했어요."

회의하는 동안 김 대리는 왜 그렇게 보고서를 작성할 수밖에 없는지 설명하느라 바빴다. 김 대리는 열심히 준비한 자신의 노력은 인정하지 않고 단점을 지적하는 팀원들이 자신을 무시한다고 생각했다. 팀원들은 더 좋은 보고서를 위해 의견을 제시할 때마다 자신만 옳다고 설명하는 김 대리의 태도에 더는 피드백하기 싫어졌다.

조언을 받아들일 수 있는 사람이 있고, 그렇지 못한 사람들이 있다. 차이는 자신감에 있다. 자신감 있는 사람은 상대의 조언을 받아들이고 자신의 단점을 인정한다. 반면, 자신감이 없는 사람들은 상대가 자신의 실수를 피드백하면 자신을 폄하하는 것으로 여긴다. 때에 따라서 상대의 대화 스킬이 형편없어 귀담아들을 수 없도록 공격적인 말을 한다면 그건 상대의 문제이다. 그렇다 하더라도 배울 점이 있는지 찾아내고 받아들인다면 당신은 더 성장할 수 있다.

♣ 상대의 조언을 성장의 기회로 삼아라

상대의 조언을 받아들일 수 있는 자신감은 지금부터 변할 수 있다고 스스로 자신을 믿는 것에서부터 시작한다. 당신의 가능성을 믿어라. 그리고 지금보다 더 나은 모습으로 성장할 수 있다고 확신하라. 그렇다면 타인의 조언이 성장의 기회로 들릴 것이다.

미국 역사상 가장 혁신적인 인물을 들자면 벤자민 프랭클린이 있다. 사업가이자 발명가이며, 학자이고 정치인이었던 그는 미국 헌법에도 영향력을 미치는 등 여러 방면에서 능력을 발휘했다. 그는 넉넉지 않은 가정 환경으로 인해 어린 시절부터 형이 운영하는 인쇄소에서 일하게 된다. 정규 교육은 2년밖에 받지 못했지만, 인쇄소에서 접하게 된 책을 읽으며 채워간 지식을 기반으로 글을 쓰기도 했다.

어느 날 나름 잘 쓴 글이라 생각하고 아버지께 글을 보여 드린 벤자민 프랭클린은 아버지로부터 철자와 구두법은 정확하지만, 글이 체계적이지 않다는 평가를 받게 된다. 정규 교육을 제대로 받지 못한 아버지의 조언을 그냥 지나칠 수도 있었겠지만, 프랭클린은 아버지의 조언을 받아들인다. 그때부터 비슷한 실수를 하지 않도록 체계적인 글쓰기에 더욱 집중하기 시작했다.

20대가 되어서 프랭클린은 사람들과의 대화에서 비판적이고 빈정거린다는 지적을 받았다. 이를 계기로 그는 더욱더 완벽한 삶을 살기 위한 4가지 실천 행동을 계획하고 지켜갔다. 자신의 행동을 개선하기 시작하였다. 시간이 흘러 사업가로 성공한 이후에는 평생 지켜야 할 13가지 덕목을 선정한다. 그는 평생 13가지 덕목을 습관화하여 실천하는 삶을 살았다.

프랭클린이 미국인에게 존경받는 인물로 기억될 수 있었던 것은 스스로 완벽한 삶을 살기 위해 노력하고 변화했기 때문이다. 비록 정치인으로 두각을 나타내지는 못했지만, 역대 미국의 100달러 지폐에 얼굴이 새겨질 수 있었다.

단점을 지적받는 것이 유쾌한 일이 아닌 것은 당연하다. 타인의 피드백을 받아들이고 난 이후 달라질 당신을 확신한다면 타인의 조언을 귀담아들을 것이다. 반면 타인에게서 조언을 들었지만, 지금의 당신이 최상이고 더는 나아질 것이 없다고 생각한다면 어떨까? '내가 얼마나 힘들게 노력했는데 말이야…'라고 생각이 과거에 머물게 된다. 다음번에는 잘해봐야 한다고 미래를 상상할 수 없다. 자신을 믿어라. 함께하는 주변인 누구에게도 우리는 배울 수 있고 이들의 조언을 받아들인다면 당신은 어제보다 오늘 더 성장할 수 있다.

♣ 조언은 귀담아듣지만, 비난은 경계

우리는 조언은 귀담아들어야 하지만 비난은 경계해야 할 필요가 있다. 성공한 사람은 긍정적인 신호에 집중하고, 실패한 사람은 부정적인 신호에 집중한다. 『하버드 상위 1%의 비밀』이라는 책에는 성공하는 사람들의 공통점이 소개된다. 성공하는 사람들의 공통점 중 하나가 긍정적인 신호를 받아들인다는 것이다. 우리는 긍정적인 신호를 받아들였을 때와 부정적인 신호를 받아들였을 때 다른 결과를 보인다.

그 일례로 수학 시험을 치르는 여학생들에게 시험을 치르기 전 다른 신호를 전하는 실험을 했다. A그룹의 학생들에게는 여학생들이 남학생과 비교해 수학을 잘하지 못하는데, 얼마나 실력이 부족한지를 평가한다고 하고, B그룹의 학생들에게는 여학생들이 남학생보다 수학을 잘 못하는데 그 말이 사실이 아니라는 것을 확인하기 위해 평가한다고 전한다. 시험을 마치고 두 그룹의 수학 시험 결과는 어떠했을까? A, B그룹 모두 수학 성적이 우수한 학생들이 실험에 참여하였지만, 수학 시험의 결과는 B그룹의 학생들 성적이 더 우수한 것으로 나타났다. 비슷한 실력을 갖추고 있지만, 외부로부터 어떠한 신호를 받고 어떠한 신호를 선택하느냐에 따라 실력은 다르게 나타난다. 부정적인 신호를 받아들인다면 당신의 성과는 실력에 미치지 못하게 된다. 상대의 신호를 받아들일지 말지를 결정할 필요가 있다.

상대의 말이 진정 당신의 성장을 염려하는 조언이라면 기꺼이 받아들여라. 하지만 조언을 빌미로 당신을 깎아내리거나, 막연한 부정적 평가를 하는 비난은 받아들일 필요가 없다. 당신의 내일은 오늘보다 나을 것이다. 타인의 조언은 당신의 성장을 위한 과정으로 삼고 당신의 성장을 긍정적으로 확신하자. 누구도 당신의 성장을 방해할 수 없다.

Clover Tip

자신감을 높이는 법

1. 누군가 믿는 사람을 만든다.

2. '나는 할 수 있다.' 스스로를 믿는 말로 시작한다.

3. 결정을 내렸다면 당신의 결정을 믿고 확신한다.

https://youtu.be/RbW__iUsqZ8

4
고민할 시간에 희망적 상상을 하라

동생이 퇴사했다. 40대 초반이라는 절대 적지 않은 나이에 내린 결정이다. 더는 직장생활을 오래 할 수 없을 것 같다는 고용의 불안감에 내린 결정이다. 동생은 안정적인 일을 하겠다며 공무원 시험 준비에 매진했다. 늦은 나이에 시작한 공부도 힘들 텐데, 반드시 합격해야만 한다는 부담감까지 견디며 2년을 보냈다. 시험을 마치고 고생한 동생을 위해 가족 여행을 떠났다.

여행 첫날 아침 "언니, 나 시험에서 떨어지면 어떡하지?" 이렇게 묻는 동생에게 내가 해줄 수 있는 말은 "열심히 했으니 떨어지지 않을 거야."

이 정도가 전부였다. 다음 날도 동생은 "언니, 아무래도 떨어질 것 같아. 영어 시험이 좀 불안해."라고 말했다.

시험 걱정 내려두자며 출발한 여행인데 동생의 시험 걱정은 여전했다. 2년 동안 많은 것을 포기하고 준비한 시험이니 불안하고 고민이 되는 것은 당연했다. 동생의 마음을 이해 못 하는 것은 아니었다. 하지만 이미 시험은 끝났다. 시험을 망친 것 같다는 고민은 본인에게 아무런 도움이 되지 않는다. 고민한다고 해서 해결되지도 않는다. 시험에 떨어질 것 같은 불안에 고민할 수도 있지만, 합격했을 수도 있다. 동생은 합격 통지서를 확인하는 날까지 걱정했다. 얼마나 힘들었을까? 결국, 합격했으니 괜한 걱정으로 한 달여를 보낸 셈이다. 일어나지 않는 일에 우리는 너무 많은 고민을 하고 있는 건 아닐까? 해결할 수 없는 고민으로 일상을 고통으로 몰아가지 말자.

♣ 고민과 희망적 상상을 결정하는 선택

세상에 고민 없는 사람이 있을까? 글을 쓰면서도 이 글들이 책으로 엮이지 않으면 어떡하지 하고 걱정되기도 한다. 미래에 어떤 일이 일어날지 알 수 없으니 안심하지 못하고 마음이 쓰인다. 간절히 바라는 일일수록 잘 안 될 것만 같은 불안으로 고민은 깊어진다. 결과적으로 어떤 일이 일어날지 아무도 알 수는 없다. 바라던 일이 이루어질 수도 있고, 걱정이 현실이 될 수도 있다. 어떠한 결과를 기대하며 기다릴지는 본인의 선택이다.

『두려움—행복을 방해하는 뇌의 나쁜 습관』에서는 고민은 스스로를 대하는 생각이 영향을 미친다고 소개한다. 자신에 대해 긍정적으로 생각하는지, 부정적으로 생각하는지에 따라 고민에 다른 반응을 보인다. 자신에게 긍정적으로 생각하는 사람들은 미래에 대한 두려움으로 인한 고민이 별로 없다.

스스로에 관한 생각과 불안의 정도를 알아보기 위해 그룹을 나누어 실험하였다. 자신을 호감형이라고 생각하는 사람과 비호감형이라고 생각하는 사람에게 위협적으로 느껴지는 사진을 보여주었다. 사진을 보고 이들의 신체 반응을 통해 스트레스의 정도를 측정했다. 그 결과 자신을 호감형이라고 긍정적으로 생각하는 사람들은 불안으로 인한 스트레스 수준이 낮았다. 반면 자신을 비호감형이라고 생각하는 사람들의 스트레스 반응은 높게 나타났다. 같은 상황에서 스스로에 대해 어떻게 생각하느냐에 따라 부정적 불안이 깊어질 수 있다.

아직 일어나지 않은 일에 대해 부정적인 결과를 상상하며 고민이 깊어진다면, 반대의 상상을 시도해보자. '혹시 알아? 내가 이번에는 시험에 합격할 수 있을지 모르잖아!'라고 당당히 말해보자. 알 수 없는 미래에 대해 부정적인 상상으로 불안하다면, 의도적으로 성공하는 상상을 시도해보는 것도 좋다. 이러한 상상을 하다 보면 스스로 자신을 호감형으로 인식할 수 있게 된다. 그리고 두려움도 사라질 것이다.

♣ 해결할 수 있는 고민과 해결할 수 없는 고민으로 나누자

걱정하는 것이 꼭 부정적인 것만은 아니다. 고민과 걱정이 오히려 완벽한 일 처리와 결과물을 만들어낸다. 다만 걱정이 과했을 때가 문제다. 걱정하지 않아도 될 일까지도 고민하며 힘을 빼다 보면 정작 중요

한 일에 집중하기 어렵다. 하루를 보내는 데 쓰이는 우리의 에너지는 한정적이다. 이 한정적 에너지를 일어나지도 않은 일을 걱정하고 고민하는 데 소비해버릴 것인가? 그것도 해결할 수 없는 일이라면 더더욱 에너지를 탕진하지 말자.

다음 주 월요일 중요한 프레젠테이션이 있는데, 차가 막혀서 지각하면 어떻게 하지? 내가 일찍 출발했는데도 갑작스러운 사고로 지각을 하면 어떡하지? 이런 일이 일어날 확률이 얼마나 될까? 또 당신이 걱정한다고 해서 이 문제를 해결할 확률은 얼마나 될까? 천재지변과 같은 일들을 해결할 수 있는 사람은 없다. 해결할 수 없다는 것은 고민해도 달라질 것이 없다는 뜻이다. 자신의 힘으로 어찌 해결할 방법이 없는 것은 고민할 필요가 없는 문제이다. 걱정이 생겼다면 해결할 수 있는 문제인지 아닌지를 결정해보자. 스스로 해결할 수 없다면 고민할 시간에 독서로 자기 계발을 하는 편이 낫다. 의미 없는 사소한 걱정에 당신의 에너지와 시간을 소모하지 말자.

♣ 고민이 있다는 건 준비하라는 신호

일어나지 않은 일에 고민이 생긴다는 건 앞으로 일어날 상황에 대해 준비하라는 신호이기도 하다. 월요일 아침에 있을 프레젠테이션을 망칠까 걱정된다. 그렇다면 걱정이 되는 불안한 신호에 집중하자. 어떤 부분에서 망칠까 걱정이 되는지 더 구체적으로 떠올려보자. 다음은 자신이 할 수 있는 일들을 구체적으로 정리해본다. 발표할 내용이 중간에 생각이 나지 않아 망칠 것 같다면, 자료를 더욱 잘 살펴보면 된다. 갑작스러운 질문에 답변하지 못할까 봐 걱정이라면 예상 질문을 찾아보면 된다.

다가올 미래가 고민되거나 부정적인 걱정이 찾아오면 긴장하게 된다. 이러한 긴장감은 혹시 모를 실수를 대비하기 위해 더 완벽한 대책을 마련하게 한다. 이런 점에서 불안의 감정과 고민은 도움이 된다. 적당한 고민은 우리가 일상을 더욱더 완벽하고 섬세하게 준비하도록 자극한다.

문제는 해결할 수 없는 일을 고민하는 것이다. 해결할 수 없는 사소한 고민은 하지 말자. 이미 지난 일에 대한 후회는 의미 없는 고민이다. 아직 일어나지 않은 일에 대한 걱정은 스스로 해결할 수 있다면 대책을 준비하고, 해결할 수 없다면 기억에서 지워라. 하루를 살아가는 우리의 한정 에너지를 보다 의미 있는 일에 사용해라. 그래도 부정적 고민이 머릿속에 맴돈다면 걱정 인형의 도움을 받아도 좋다. 걱정 인형에게 고민을 이야기한다면 한결 마음이 편해질 수도 있다.

5
듣기 싫은 말을 모두 들을 필요는 없다

들으면 들을수록 피하고 싶은 말이 있다. 평가하는 말, 그리고 그 평가가 부정적이라면 더욱 그렇다. '너는 머리가 나빠.', '너는 늘 이렇게 실수하더라.', '너는 끈기가 없어.' 부정적인 평가의 말을 듣고 있자면 얼굴은 찡그려지고 몸은 뒤틀어진다. 상대방의 쏟아내는 말들을 거부하고 싶다는 신호가 온몸으로 드러난다. 살면서 이 말만큼은 듣고 싶지 않다는 생각이 드는 말이 있다. 듣고 싶지 않은 말을 듣고 있다 보면 자신감도 떨어지고 무기력해짐을 느끼게 된다.

자기 자신을 무기력하게 만드는 말을 듣고 있자면 여러 감정이 스친다. 때로는 '그래, 사실 내가 부족하기는 해.'라고 받아들이기도 하고, 때로는 '너는 얼마나 잘났는데?'라고 공격의 말로 되돌려주고 싶은 마음도 든다. 마음은 여러 마음이지만 대부분 참는다. 혼자 담아두고 어느 순간 불쑥 떠올리며 불쾌했던 감정을 회상하곤 한다. 마음에 담아둔 그 말들이 생각날 때마다 위축되고 자신감이 사라진다.

듣기 싫은 말을 들었다고 위축되지 말자. 마음에 담아 두고 오래도록 기억하며 고민하지 말자. 당신에 대해 부정적인 평가를 하는 것은 상대방의 마음이다. 그 평가를 어떻게 받아들이느냐도 당신의 마음이다. 듣기 힘든 부정적 평가에 어떤 대처를 할 것인지는 당신의 결정에 달려 있다. 상대의 평가를 모두 고스란히 받아들일 필요는 없다. 상대의 평가를 어떻게 받아들일지는 당신의 마음이고 자기 자신의 결정에 달린 일이다. 자신에게 도움이 되는 결정을 내리자. 자기 자신에게 도움이 되는 결정은 그들의 말을 모두 믿고 수용하는 것이 아니다. "그건 나에게 어울리는 말이 아니야!"라고 한 번쯤 말해주고, 자신의 말에 걸맞은 행동을 하면 그만이다.

미국에서 1,093개의 특허를 받은 발명왕 에디슨은 세계에서 가장 많은 발명품을 남긴 사람으로 유명하다. 업적은 천재적이지만 에디슨이 받은 교육은 3개월의 학교 수업이 전부였다. 어린 시절 학업 성취도가 낮아 열등생 취급을 받았고 결국 학교를 자퇴했다. 세상은 에디슨을 열등생으로 평가하지만, 어머니의 선택은 달랐다. 어머니는 학교의 평가를 받아들이지 않았고, 에디슨을 지지하며 가정 교육을 선택한다.

아들이 관심을 보이는 분야의 가정 교육을 시작하면서 아들이 언젠가 자신의 실력을 발휘할 것이라 믿었다. 세상의 부정적인 평가를 차단하고 아들을 신뢰한 어머니가 있었기에 지금의 우리는 생활의 편리함을 영위하고 있다. 남들의 부정적 평가를 모두 받아들일 필요는 없다. 단지 그들의 평가이고 그릇된 평가일 수도 있다.

에디슨의 어머니와 같이 주변에서 당신을 지지하는 분이 있다면 행운이겠지만, 어쩌면 우리에게는 그러한 행운이 없을지도 모른다. 오히려 가장 큰 지지를 보내주길 바라는 가족과 가까운 지인에게서 더 많은 부정적인 평가를 들을 수도 있다.

  그렇다면, 스스로 자신에게 희망적이고 긍정적인 확신의 말을 하는
것도 한 가지 해결 방법이다. 당신에게 듣기 힘든 부정적인 평가를 하
는 사람들에게 "그건 당신 생각이고, 내 생각은 달라!"라고 말할 수 있
다. 타인의 듣기 힘든 부정적인 평가의 말들을 모두 듣고 받아들일 필
요는 없다. 그들의 말이 모두 옳은 말은 아니니까. 당신에게는 기회와
시간이 있고, 아직 실력이 발휘되지 않았을 뿐이다. 당신의 소신과 믿
음이 더 중요하다. 자신을 믿어보자.

  ♣ 나를 믿고 행동할 때

  지금 100세가 된 당신의 모습을 떠올려보자. 이 시간 무엇을 하고 있
을까? 무언가 새롭게 도전하는 열정적인 모습이 떠올려지는가? 100세
를 넘어 105세가 되었을 때 당신이라면 박사학위에 도전할 용기가 있
는가?

105세에 박사학위에 도전하는 대만의 지우무허 씨의 이야기다. 105세에 박사학위라니! 무모한 도전처럼 보일 수도 있지만 75세에 배낭여행에 성공한 그에게 결코 무모한 도전은 아니다. 75세의 나이에 배낭여행을 계획했을 때 가족의 반대가 심했다. 서투른 영어 실력으로 해외를 나가는 일은 위험하다는 이유에서이다. 하지만 그의 의지는 확고했다. "나이가 많아서, 돈이 없어서, 영어 실력이 부족해서 등의 이유로 미루다 보면 평생 해외에 나갈 수 없을 것이다."라며 배낭여행을 떠났고 안전하게 귀국했다. 그 후 91세에 학사모를 쓰고 98세에 석사학위를 취득해 기네스북에 이름을 남겼다.

남들이 내리는 부정적 평가에 당신의 소신이 흔들릴 이유는 없다. 그건 그들의 의견이고 선택은 당신의 몫이다. 스스로 할 수 있을 것이라는 믿음을 가졌는지가 중요하다. 자신에 대한 믿음과 확신이 있다면 나이도 문제가 되지 않는다. 타인의 부정적 평가에 흔들리지 말자. 중요한 건 당신의 소신이다. 소신으로 자신에게 도움이 되는 결정을 내려보자.

"공부해라." 학창 시절 가장 듣기 싫은 말 중의 하나이다. 그다음 말로 "너 이렇게 공부 안 하다가 이번 중간고사 망친다."라는 말까지 듣게 되면 "내가 열심히 공부하려고 했는데 기분 나빠서 공부 안 해!"라는 말이 머릿속에 맴돈다. 때로는 "내가 이번에 정말 열심히 공부해서 스스로 알아서 잘한다는 것을 알려줄 거야."라는 마음이 들기도 한다.

부정적인 말과 평가를 들은 후 다음 행동을 어떻게 할 것인지는 본인의 결정에 달려 있다. 어떠한 결정을 하든 본인의 선택이지만 자신에게 도움이 되는 결정을 하자.

수많은 동화를 남긴 안데르센의 초기 작품은 문법도 맞춤법도 엉망이어서 사람들의 혹평을 받았다. 가난으로 인해 정규적인 교육을 받지 못했던 탓이다. 『미운 오리 새끼』는 안데르센이 가난으로 인해 사람들에게 멸시받던 시절을 떠올리며 쓴 동화이다. 지금은 사람들에게 멸시받고 있지만 언젠가는 인정받는 백조가 될 날이 올 거라는 바람이 동화에 담겨 있다. 그가 자신을 멸시하는 사람들의 평가를 모두 수긍했다면 오늘날 아이들은 안데르센의 아름다운 동화를 접할 수 없었을 것이다.

사람들에게 듣기 힘든 부정의 말들을 들었을 때 그다음 당신이 어떠한 행동을 결정하느냐에 따라 미래는 달라진다. '나를 그렇게 부정적으로 평가했으니, 그런 모습을 보여주겠어!'라며 상대에게 자신을 맞출 이유는 없다. 스스로 자신에게 도움이 되는 유리한 선택을 하자. 자신에게 유리한 선택은 상대의 부정적 평가를 받아들이지 않는 것이다.

"내가 당신의 평가와 다른 사람이라는 것을 보여주겠어."
"지금은 아니지만, 내일은 다른 모습의 나를 보여주겠어."

당신을 평가한 상대를 원망하지 말고 긍정적 평가를 위해 자신에게 필요한 노력이 무엇인지를 찾아보자. 언젠가 백조가 될 당신을 떠올리며 준비하자. 그러면 부정적 평가의 말을 듣는 순간은 오늘이 마지막이 될 것이다.

Clover Tip

인생에 곁에 두면 독이 되는 사람들의 유형

1. 다른 사람의 이야기를 듣지 않는 사람

2. 실패를 염두에 두고 부정적인 이야기를 하는 사람

3. 강자에게 약하고, 약자에게 강한 사람.

https://youtu.be/5ZUFrlqA_40

PART 02

나 자신을
믿는 용기를 가져라

1

무기력과 불만족에서 벗어나라

20대 시절 '영화처럼 사는 여자'라는 카피로 큰 호응을 얻은 화장품 광고가 있었다. 당대 최고의 배우가 출연한 광고로도 화제였지만 영화처럼 산다는 카피도 이슈였다. 친구들은 영화처럼 살고 싶다는 이야기를 자주 했었다. 어떤 삶이 그러한 삶인지는 알 수 없지만 평범하지 않은 삶을 살아가는 것이라 짐작할 수 있었다. 아직은 어떠한 미래를 살아갈지 알 수 없었기에 저마다의 꿈은 컸다. 하지만 미래의 큰 꿈에 비해 현실은 평범했다. 앞으로 어떤 영화 같은 일들이 일어나기에 지금의 현실은 초라했다.

"내가 키가 3cm만 컸다면 이렇게 살지 않았을 거야."

"내가 하는 일은 나에게 어울리지 않는 일이야. 난 이런 일 할 사람이 아니야."

친구들은 이런 말들을 했다. 물론 저자도 당시 하는 일이 마음에 들지 않았으며 어울리지 않는 일이라고 생각했다. 생각이 이러한데 일에 열정이 있었을 리 만무하다. 일상은 지루하고 무기력했다.

생각해보면 20대에 자신이 하고 싶은 일을 하는 사람이 몇이나 있을까? 저자와 친구들이 본격적으로 취업하던 시기는 IMF와 시작을 같이 했다. 일자리는 거의 없었다. 전공과 상관없는 분야의 일을 하는 친구들이 많았다. 일단은 아르바이트를 먼저 시작하고 취업을 하고자 준비했던 이들은 취업 적령기를 넘기기도 했다.

현실이 이러한데 이상은 영화 같은 삶이다. 지금의 삶이 바라던 미래에서 멀어진다고 느낄 때 무기력이 찾아온다. 무기력은 심신에 기운이 없는 상태이다. 자신이 바라는 것들을 현실에서 찾을 수 없다는 좌절로 인해 어떠한 노력도 하고 싶지 않게 된다. 이러한 마음이 깊어지면 신체적 병을 동반하기도 한다.

바라는 것이 멀리 있다고 생각된다면 거리를 줄여보자. 가까이에서 당신이 바라는 것들을 찾아보자. 지금 자신이 할 수 있는 것들을 조금씩 시도하면서 바라던 이상과의 간격을 좁혀갈 수 있다. 원하는 것을 가까이에서 찾아보자. 의외로 가까이에서 당신이 바라던 이상을 찾을 수도 있다.

♣ 자신의 직업에 만족 못하는 파랑새 증후군

'파랑새' 하면 가까이에 있는 행복을 알지 못하고 찾아다닌 틸틸과 미틸 남매가 떠오른다. 벨기에 극작가인 모리스 마테를링크의 동화 『파랑새』의 주인공들이다. 『파랑새』의 주인공 틸틸과 미틸 남매는 요술 할머니의 부탁으로 파랑새를 찾아 헤매는 꿈을 꾼다. 그들은 힘겹게 파랑새를 찾아다니지만 결국 찾지 못하고 깨어난다. 아침에 일어나 남매는 꿈에서 그토록 애타게 찾아다니던 파랑새를 발견한다. 파랑새는 가족과 늘 함께 있던 새장 안의 비둘기였다. 우리는 행복을 멀리서 찾지만 가까운 곳에 행복이 있다는 것을 의미하고 있다.

요즘은 자신의 직업에 만족하지 못하는 사람들을 가리켜 파랑새 증후군이라 일컫는다. 이들은 자신이 해야 할 일은 지금의 일이 아니라고 믿고 있으며, 현재의 일은 하고 싶은 일이 아니라 여긴다. 자신이 해야 할 일은 다른 일이라 믿기 때문에 의욕 없이 근무하고 일을 한다. 생각이 지금 여기 현재에 머무르지 않고 막연한 미래를 장담한다. 모 취업포털 사이트의 조사에 따르면 직장인 60%가 자신의 직업에 만족하지 못하는 파랑새 증후군을 경험하고 있다고 한다.

파랑새 증후군에서 벗어나는 방법은 자신이 하는 일에서 열정을 회복하는 것이다. 열정을 회복하기 위해 이상을 향해 가는 과정 중 당신이 할 수 있는 작은 일들을 먼저 시도해보자. 쇼핑몰 CEO를 꿈꾸고 있는데 지금 홈쇼핑 마케팅 업무를 하고 있다면 쇼핑몰 CEO가 되는 과정의 단계별로 목표를 하나씩 삼는 것도 방법이다. 한 번에 CEO를 꿈꾸며 지금 내가 하는 일을 하찮은 일로 만들지 말자. CEO가 되는 과정의 단계에서 자신이 거쳐야 할 것들을 목표로 삼아보는 것이다. 올해의 마케팅 콘셉트를 성공적으로 마치는 것, 승진하는 것 등의 과정이 있을 수 있다. 현재는 당신이 바라는 미래를 향해 가는 과정이라는 것을 잊지 말자. 과정 중의 작은 성공들을 경험하며 열정을 회복하자. 그러한 과정을 거치다 보면 영화 같은 미래가 당신에게 더욱 가까워질 것이다.

♣ 현재를 통해서 미래를 그려보자

현재는 과거의 결과이다. 오늘 당신의 행동이 미래를 결정한다. 현재의 삶이 자신이 바라는 이상적인 미래와 거리가 멀수록 현재가 무의미한 시간으로 느껴진다. '지금 당장이라도 하던 일을 관두고 바라던 일들을 시작해야 하나? 평생을 이렇게 무기력하게 살아가야 하나?' 혼란스러울 수도 있다.

당신이 하고 싶은 일도 있고 할 수 있는 일도 있다. 가수가 꿈이라면 가수는 내가 하고 싶은 일이다. 가수를 하고 싶지만, 대중이 나의 노래에 반응하지 않아 기회가 생기지 않는다면 할 수 있는 일이 아니다. 그렇다면 하고 싶은 일인 노래를 노래 교사가 되어서 할 수도 있다. 당신이 할 수 있는 일들은 조금만 시선을 달리하면 얼마든지 찾을 수 있다.

어린 시절부터 교사가 꿈이었다. 고등학교 교사였던 아버지의 영향으로 학창 시절 장래 희망은 늘 선생님이었다. 30대가 되어 보니 삶은 선생님과는 아주 멀리 떨어져 있었다. 판매직에 종사하고 있었으니 누가 봐도 선생님이 될 수는 없었다. 하고 싶은 일을 할 수 없다는 생각에 이르게 되자 무기력해졌다. 30대가 되도록 살아온 자신의 삶이 무의미하게 느껴지는 순간이었다. 다행인 건 생각을 바꿔보게 된 것이다.

학교 선생님은 될 수 없지만, 기업 강사는 할 수 있었다. 과거의 경험도 인정받을 수 있는 기업 강사 영역을 떠올려 보니 CS 강사라는 직업에 이르게 되었다. 교사는 아니지만, 지식을 전하고 배움을 지속한다는 점에서는 공통점이 있었다.

30대에 이런 선택을 한 것은 인생 최고의 선택이라 생각한다. 만약 그 시절 좌절과 무기력에서 벗어나지 못했다면 지금의 저자는 어떤 모습일까? 30대에는 자신이 하고 싶은 일들을 진지하게 생각하고 40대를 준비해야 한다. 이 시기에 어떤 변화와 도전도 없다면 그때의 삶이 40대까지 이어지게 된다. 당신이 할 수 있는 일을 찾아라. 그리고 당신의 열정이 살아나는 일을 시작해라.

기업에서 강의 중 사진

자신의 삶에 적극적으로 개입하여 흐름을 바꿀 수 있다. 이것이야말로 영화 같은 삶이 아닐까? 경영의 신으로 불리는 마쓰시다 고노시케는 불행을 기회로 만든 인물로 잘 알려져 있다. 그가 남긴 말 중에 유명한 말이 있다.

"나는 3가지 행운을 가지고 태어났다. 가난해서 남보다 부지런했고, 허약해서 건강을 관리했으며 배우지 못해 더 많이 배우고 노력했다."

그는 환경을 자신에게 유리한 방향으로 흐름을 바꾸었다. 하고 싶은 일이 있고 꿈이 있다면 당신이 새로운 역사를 만들 수 있다.

"자신에게 맞는 역할을 직접 써봐요. 남들이 정해놓은 역할에 오디션을 보며 탈락하지 말고, 역사를 다시 써보세요."

영화 〈라라랜드〉의 대사 중 일부이다. 미아가 여러 오디션에 탈락하고 힘들어하자 세바스찬은 역사를 다시 써볼 것을 권유한다. 30대 당신을 위한 역사를 쓰기에, 충분한 나이이다. 현재를 자신을 위한 역사로 새로 시작할 수 있도록 보다 적극적으로 삶에 뛰어들자. 당신에게는 불행도 있지만, 장점도 있다. 마쓰시다 고노시케의 부지런함이 그의 가난을 이겼다. 당신의 불행을 이길 수 있는 자신만의 장점을 찾아보자. 그 장점들을 활용하여 현재를 통해 미래를 그려보자. 한 번에 작은 걸음으로 시작하되 그 과정에서 성공의 기쁨을 누려보자. 더는 무기력하지 않을 것이다.

2
자기 자신을 인정하고 사랑하라

신라 48대 왕인 경문왕에게는 감추고 싶은 비밀이 있다. 바로 임금 자리에 오른 뒤부터 자라기 시작한 귀다. 경문왕의 귀는 당나귀처럼 커지게 되었다. 임금은 자신의 귀를 세상 사람들이 알지 못하도록 모자로 가리기 시작했다. 임금의 귀가 당나귀 귀라는 비밀은 임금의 모자를 만드는 복두장이만이 알고 있는 비밀이었다. 복두장이는 자신만이 알고 있는 비밀을 누구에게 말하고 싶었지만 참았다. 임금의 후환이 두려워 평생 비밀로 간직해두다가 죽기 전에 대나무숲에서 비밀을 이야기했다.

"임금님 귀는 당나귀 귀~"

그 뒤로 바람이 불면 대나무 숲에서

"임금님 귀는 당나귀 귀~"라는 소리가 들렸다.

　그토록 감추고 싶었던 경문왕의 비밀은 바람을 통해 사람들에게 전해졌다. 오래도록 비밀로 유지하고자 했었는데 지켜지지 않았다. 지키고자 하는 비밀은 언젠가 세상에 드러날지 모른다는 불안감을 동반한다. 불안감을 감수하면서도 숨기고 싶은 이유는 무엇일까? 내면에 자리 잡은 수치심 때문이다.

　스스로 남들과 비교해 부족하다고 내린 평가로 인해 자신을 받아들이지 못하고 감추기 시작한다. 누구나 수치심을 가질 수 있다. 하지만 그 이후의 행동은 자신의 결정에 따라 달라진다. 자신을 인정한다면 그리고 지금의 당신을 사랑한다면 우리는 수치심에서 자유로워질 수 있다.

♣ 인정하고 자신을 사랑하라

　수치심은 자신이 부족하다고 생각했을 때 생긴다. 스스로 부족하다

고 생각하는 것들과 마주했을 때 선택할 수 있는 행동으로는 여러 가지
가 있다. 인정하지 않고 회피하거나 크게 화를 내며 공격적인 행동을
한다. 마음 가면을 쓴 브레네 브라운은 수치심은 우리가 그것을 감추려
했을 때 더욱 힘이 세진다고 이야기한다. 수치심은 인정하면 사라지지
만 감추면 강해진다.

　수치심을 극복하는 방법은 드러내어 인정하는 것이다. 부족한 자신
을 받아들여야 하는 것은 괴로운 일이다. 당신이 부족하다는 것을 인정
하고 받아들이는 데는 용기가 필요하다. 텍사스 대학교의 제임스 펜베
이커 교수는 트라우마를 대하는 사람들의 태도에 관해 연구했다. 트라
우마를 겪은 후 사람들의 태도는 두 가지가 있다. 하나는 누구도 그 사
실을 알지 못하게 감추는 사람이고 두 번째는 드러내는 사람들이다. 제
임스 펜베이커 교수는 트라우마를 경험한 사람들의 건강과 스트레스의
연관성을 조사하였다. 그 결과 트라우마를 혼자만의 비밀로 간직한 사
람들보다 드러낸 사람들의 스트레스 지수가 더 낮았다. 트라우마를 감
추기보다 드러내는 사람들이 병원 치료를 받는 횟수도 줄어들었다. 타
인에게 드러낸다는 것은 스스로 자신의 상태를 인정하고 받아들이는

행동이다. 자신을 인정하지 못하면 타인에게 이야기할 수 없다. 가끔 스스로 자기 자신을 인정하지 못한 상태에서 자신의 취약점을 모두 드러내는 사람들도 있다. 이것은 좋은 행동이 아니다. 자신도 인정하지 못하는 취약점을 타인에게 공개하고 나면 두고두고 후회하는 일이 생길 것이다. 당신이 받아들일 정도만 드러내는 것이 좋다.

이렇게 스스로 자기 자신을 인정하고 드러내면 삶을 대할 때 적극적인 태도를 보일 수 있다. 취약점을 알았으니 자신에게 도움이 되는 해결책이 눈에 보인다. 지금보다 나아질 수 있게 도와줄 방법들을 찾아낼 수 있다. 스스로 부족하다는 생각에서 벗어날 수 있다. 자신을 낮게 평가하지 않게 된다. 잘할 수 있다는 자신감이 높아진다. 자신의 나약함을 인정하자. 그리고 용기 있게 드러내보자.

♣ 남들이 나를 바라보듯 객관적으로 바라보자

나는 학창 시절 스스로 늘 부족하다고 생각했다. 자신이 부족하다고 여기는 마음은 친구들을 사귀는 등의 대인관계에도 걸림돌이 되었다.

가깝게 지내는 친구는 있지만, 절친은 없었다. 친구에게 속마음을 이야기할 수 없었기 때문이다.

문제는 사는 집이었다. 아버지가 돌아가신 이후 집에서 살아본 적이 없었다. 어머니가 운영하는 가게 안의 방이거나 건물 지하창고에서 장판 하나 얻어두고 살았다. 집에서 살기 시작한 건 고3 때부터였다. 집에서 살기 이전에는 어떤 친구도 집에 데려올 수 없었다. 상가 창고에서 사는 모습을 친구에게 보여줄 수 없었기 때문이다. 무척 부끄러웠다. 혹시라도 친구가 알게 되면 모두 나를 놀릴 것만 같았다. 나를 우습게 볼 것 같은 불길한 예감을 지울 수 없었다. 친구 집에 갈 수도 없었다. 친구 집에 가면 우리 집에도 오자고 할 텐데 그럴 수 없었다. 결국, 서로 집을 오가며 친하게 지낼 친구를 만들지 않았다.

'지하창고에서 살면 어때?'라고 그대로의 자신을 인정하기가 그때는 참 힘들었다. 혼자 학교에 갔고, 혼자 집에 왔다. 그렇게 6년의 학교생활을 했으니 내성적인 성격은 어쩌면 당연한 일인지도 모르겠다.

한번은 집 앞에서 같은 반 친구와 마주친 적이 있었다.

"너 여기 살아?"

"아니야, 우리 집은 다음 골목이야."라고 말하고는 친구가 사라지길 바라며 동네를 몇 바퀴 돌았다. 이렇게까지 해야 하나 싶은 마음이 들면 들수록 자신이 더욱 싫었다.

학창 시절 한 번도 자신을 인정하지 않았다. 그대로의 나를 인정하지 않고 지금의 내 모습은 누구든 싫어할 거라는 나약한 생각에 빠져 있었다. 어떤 집에 사느냐만으로 남들이 비웃거나 업신여기지는 않는다. 수치심의 원인은 남들의 시선이 아닌 자신을 바라보는 자신의 시선이었다. 처한 상황을 바꾸어서 친구가 나의 모습이라면 어떠했을까? 아마 '그럴 수도 있지.'라고 생각했을 것이다. 그렇게 부끄러워하며 감출 것까지는 없는 일이라고 생각했을 것이다.

자신이 남들을 대하듯 "그게 어때서?"라고 말할 용기가 없었다. 감추고 싶은 비밀이 많다는 것은, 그만큼 스스로 자기 자신을 부정하는 것들이 많다는 것이다. 좋은 대학을 나오지 않은 것, 경제적 여유가 넉넉

하지 않다는 것, 대기업에 다니지 않는다는 것 등등 남들이 들으면 "그게 어때서?"라고 할 만한 일들을 감추고자 하는 건 아닌지?

남들에게 감추고 싶은 것들이 있다면, 스스로 자신에게 확인해보자. 당신이 스스로 자기 자신을 초라하게 여기는 것은 아닌지 말이다. 어쩌면 남들보다 당신이 자신을 더 초라하게 바라보고 있을지도 모른다. 당신이 남들에게 그러하듯 "그게 어때서?"라고 말해보자. 지금의 자신을 인정해보자. 자신을 감출수록 당신은 더 초라해진다. 스스로 자기 자신을 인정하고 사랑할수록 수치심은 사라진다.

Clover Tip

칭찬의 기술

1. 주변 환경에 대해서 칭찬한다.

2. 칭찬은 타이밍이 중요하다. 상대가 받아 들일 수 있는 기분 좋은

   상태 일 때가 더 좋다.

3. 같은 칭찬을 반복하지 않는다.

4. 평소에 가지고 있던 느낌들을 언급하여 칭찬한다.

https://youtu.be/ypJs0LUyWKk

3

모든 선택에는 용기가 필요하다

아침 6시 기상 알람이 울린다. '지금 일어날까? 10분만 더 누워 있다가 출근 준비를 할까?' 잠시 고민한다. 지금 일어나 여유 있는 출근 준비를 할지, 10분 후 서두를지를 결정해야 한다. 점심시간이면 "오늘 점심은 무얼 먹을까?" 고민한다. 새로 오픈한 파스타 전문점에 가서도 크림 파스타와 신메뉴를 두고 결정해야 한다. 선택을 위해 신중하게 고민한다. 지금의 결정이 어떤 결과로 이어질지 알 수 없으니 매 순간 선택에는 고심이 따른다.

점심시간에는 식당 추천 메뉴가 아닌 평소에 고르지 않았던 메뉴를 선택했다. 새로운 선택에 지금까지와는 다른 맛을 기대했는데 결과는 아니었다. 기대에 못 미친다고 마음에 크게 담아 두지는 않는다. '다음부터는 추천 메뉴 선택할래.'라고 다음을 기대할 뿐. 그리고 오늘의 선택을 기억한다. 반복된 선택 실수로 즐거운 점심시간의 기분을 망치고 싶지 않으니 말이다.

한편으로는 다른 생각도 해본다. '기대에는 못 미쳤지만, 오늘 다른 메뉴를 선택한 건 새로운 경험이었어.'라고 말이다. 아마도 평소와 같은 선택을 했다면 새로운 음식에 대한 궁금증은 그대로 남아 있었을 것이다. 어떠한 선택을 하든 선택하지 않은 것들에 대한 궁금증은 남기 마련이다. 이런 걸 두고 해도 후회 안 해도 후회라고 하던가? 어차피 후회한다면 일단 해보자. 해보면 두고두고 생각나는 미련은 없다. 미련없는 선택을 위해서는 아직 경험해보지 못한 선택을 할 용기가 필요하다.

♣ 선택에는 용기가 필요하다

선택에는 용기가 필요하다. 늘 하던 방식을 고수한다면 선택의 고민

따위는 없을 것이다. 당신에게 선택의 결정이 필요하다는 것은 새로운 도전이 필요하다는 신호이다. 용기 내어 도전하자. 그렇지 않으면 선택하지 못한 일들의 고민이 당신 어깨에 짐이 되어 돌아온다.

 창단 9년 만에 첫 프로야구 통합 우승을 거머쥔 NC다이노스에는 팀을 선두로 이끄는 강진성이 있었다. 창단 멤버인 강진성은 고교 학창 시절에는 천재라고도 불릴 정도로 활약했지만, 프로 입단 후에는 상황이 달랐다. 이렇다 할 활약 없이 2군의 무명 생활을 지속했다. 재능은 있지만 확실한 자기 역할이 없어 대타 출전이 전부였다. 그러던 그에게 변화의 기회가 찾아왔다. 타격 자세를 바꾸어보자는 감독의 제안이었다. 타격 자세를 바꾼다는 것은 지금까지 익숙했던 방식을 버리는 것이다. 새로운 습관이 익숙해질 때까지는 불편함이 수반된다. 혹시나 예전보다 못하면 어쩌나 하는 두려움도 따른다.

 이런 고민에 결정을 내리지 못하는 강진성에게 감독은 이렇게 이야기한다. "내가 2군에 있었을 때도 지금의 너보다는 잘했어. 그렇지만 나는 결국 야구 선수로는 무명 선수였다. 너의 긴 무명을 마치려면 이제는 한번 새로운 변화를 시도해야 하지 않겠니? 불안하고 두렵겠지, 하지만 불편하고 불안한 게 있어야 바뀌는 거야."라며 강진성을 설득했다. 결국, 감독을 믿고 투구 자세를 바꾸면서 변화구 대응력을 높였다. 타격 자세를 바꾸는 과정에서의 불편함과 불안감을 극복하면서 강진성은 어려움의 시간을 딛고 일어났다.

지금보다 더 나은 결과를 원한다면 변화를 시도해야 한다. 익숙함과의 결별은 늘 불편하다. 그리고 혹시 모를 실패에도 대비해야 한다. 선택하는 데 용기가 필요하다. 선택의 갈림길에서 용기를 꺼내 들지 못해 고민하고 있다면, 지금보다 나아질 수 없다. 그리고 변화하기로 했다면 이제 스스로 확신을 가져보자. 선택에는 용기가 필요하고 변화에는 확신이 필요하다.

♣ 결정하면 확신을 가져라

어떠한 결정을 내리든지 간에 선택에는 위험이 존재한다. 순간 자신의 결정이 미래에 커다란 위험 요인이 될 수도 있고, 때로는 그냥 지나치는 작은 위험 요인이 될 수도 있다.

선택에 있어 불안감을 느끼는 사람들은 선택의 순간 고민을 많이 한다. 반대의 사람들은 선택에 있어 진취적으로 행동한다. 팀 패리스의 『타이탄의 도구들』에 소개된 성공한 사람들은 선택에 있어 주저함이 없다. 어떠한 선택을 하든 위험은 따르지만, 막상 상황을 마주하게 되면 그렇게 큰 위험은 아니라는 것이다.

그들은 어떠한 선택을 하든 그 결정이 최악의 상황으로 치닫는 일이 없다. 성공한 사람들은 운이 좋아서일까? 꼭 그런 그것만은 아니다. 성공한 사람들은 위험하다고 여겨지는 상황에서도 해결책을 찾아낸다. 이유는 스스로가 위험의 문제를 해결할 잠재적인 능력이 있다고 믿기 때문이다. 그들은 선택에 대해 확신을 가지고 결국 문제를 해결할 방법들을 찾아낸다.

변화는 인정하지만, 선택에 자신이 없다면 불안한 행동이 반복된다. 자신이 느끼는 불편함은 더욱 강하게 느껴진다. 선택에 확신이 없기에 다가올 위험을 해결할 가능성을 찾지 못한다. "이런 선택을 하는 것이 아닌데…."라고 과거의 선택을 후회하는 데 더 많은 시간을 보내게 된다. 어떠한 선택이든 위험은 따르게 된다. 당신의 선택에 확신을 가지고 가능성을 찾아보자. 선택을 믿고 앞으로 성공할 가능성을 찾는 이에게 위험 요인은 더는 두려움이 아니다.

Clover Tip

일상의 행운을 만드는 법

1. 일상의 소소한 작은 행동의 결과가 행운을 만든다.

(평소에 다른 사람들을 돕는다면 그는 당신에게 호의적인 사람으로 돌아온다.)

2. 주변을 살펴보며 남들 보다 기회를 잘 발견한다.

3. 자신이 운이 좋다고 믿는다.

4. 자신의 지식과 경험을 활용할 수 있는 특별한 방법을 발견한다.

5. 행운을 기다리지 않고 찾아 움직이는 실행력을 갖는다.

https://youtu.be/ipzir00pf7Q

4
당신은 충분히 괜찮은 사람이다

백화점에서 판매사원으로 일하는 지선 씨는 영업이 적성에 잘 맞다. 사교적인 성격에 새로운 사람들을 만나는 일이 즐겁다. 자신의 도움으로 제품을 구매한 고객이 만족해하는 모습을 보면 일에 보람을 느낀다. 그런데 어느 순간부터 일에 재미를 느끼지 못하고 있다. 매출 스트레스가 원인이다.

아침에 출근하면 제일 먼저 전날 매출을 초조한 심정으로 확인해본다. 지선 씨가 출근하면서부터 브랜드 매출이 상승하여 인정을 받고 있지만 기쁘지 않다. 경쟁사와 비교했을 때 실적의 격차가 있어서이다. 어느 순간부터 지선 씨에게 일 잘하는 기준은 매장의 경쟁사보다 영업 실적이 높은 것이 되어버렸다. 브랜드 매출이 올라도 경쟁사에 비해 낮은 날은 잘했다는 생각이 들지 않는다. 타 지점 대비 실적이 낮아도 경쟁사보다 매출이 높으면 잘했다고 여겨진다.

경쟁사 직원과 사이도 좋지 않다. 마주쳐도 인사하지 않는 것은 물론이고 밉기까지 했다. 경쟁 브랜드를 이겨야겠다는 승부욕은 결국 '경쟁사만 이기면 돼.'라는 생각에까지 이르게 되었다. 경쟁사에 손님이 모이면 동료들은 지선 씨의 눈치를 보기 시작했다. 지선 씨의 하루 기분은 경쟁 브랜드의 영업 실적이 결정했다.

타인보다 높은 성과를 내고 싶은 승부욕이 나쁜 건 아니다. 오히려 승부욕이 없다면 의욕 없는 일상이 될 것이다. 적절한 승부욕은 열정적으로 일에 몰입하게 한다. 문제는 승부욕이 과했을 때의 일이다. 과도한 승부욕은 패배에 대한 불안감을 확대하고, 현명한 판단을 방해한다. 관심이 승리했을 때의 기쁨에 집중된다. 이기지 못했을 때의 스트레스로 긴장감은 커진다. 승부욕이 과해질수록 맹목적으로 이기고자 하는 욕망이 커진다. 승부욕은 좋지만, 결과가 언제나 이기는 것은 아니다. 목표를 자신의 성장에 두자. 상대를 이기는 것만이 승자는 아니다. 이기는 것에 집중하다 보면 오히려 실패할 수 있다.

♣ 과도한 승부욕의 최후

은반 위의 악녀로 불리는 토냐 하딩은 미국인들에게 사랑받는 피겨스케이팅 선수였다. 그녀는 90년대 전미 선수권 우승을 차지하는 실력에 미모까지 겸비하여 사람들의 주목을 받았다. 토냐 하딩에게도 라이벌이 있었는데 낸시 캐리건 선수이다. 대중들은 투톱인 이들의 경기에 집중했다. 20여 년이 지난 지금 사람들은 토냐 하딩을 악녀로 기억한다. 사건의 발단은 올림픽 출전권이 걸린 경기에서였다.

올림픽 출전권을 두고 치러진 경기를 앞두고 훈련을 마친 낸시 캐리건은 대기실로 가던 중 괴한의 습격을 받는다. 괴한은 낸시 캐리건의 무릎을 가격했다. 이 사건으로 낸시 캐리건은 올림픽 출전권 획득을 위한 경기에 불참하게 된다. 대중들은 누군가 고의로 선수의 다리를 공격했다는 사실에 놀랐다. 일주일 후 범인이 잡히자 더 놀라운 사실이 공개된다. 낸시 캐리건의 사고는 토냐 하딩의 사주를 받은 괴한의 소행이었다. 사람들은 비윤리적인 토냐 하딩의 행동을 비난했고 그녀는 결국 피겨계를 떠나야만 했다.

대중들의 관심이 라이벌 관계인 두 선수의 우승에 주목되었고, 그럴수록 그녀에게 승리에 대한 승부욕은 더욱 높아졌을 것이다. 토냐 하딩은 승리가 간절할수록 낸시 캐리건만 없으면 승리할 수 있을 것으로 생각했다. 이는 결과에만 주목한 관점이다. 상대를 이기고자 한다면 상대보다 더 많은 연습의 시간을 투자해야 한다. 진정한 승리는 자신의 성장이지만 토냐 하딩은 라이벌을 이기는 것에만 집중했다. 목표가 '너만 이기면 돼'로 변질하였다. 결국, 그녀는 되돌릴 수 없는 충동적인 행동을 하게 된다.

토냐 하딩은 승리를 원했지만 결국 패배했다. 이기는 것이 목표여서는 안 된다. 목표는 자신의 성장이다. 상대를 이겼다고 안심하고 만족하지 말자. 승부욕은 건강한 관계에서는 서로의 실력이 향상되도록 도움을 주는 긍정적인 효과가 있다. 하지만 상대를 이기는 것에 승부욕이 집중되면 더는 자신의 성장에 긍정적인 효과를 기대할 수 없다. 상대를 이기는 것에 집중하는 과도한 승부욕의 한 가지 원인으로는 열등감이 있다.

♣ 과도한 승부욕의 근원, 열등감

스스로 자기 자신을 부족하다고 여기는 열등감이 과도한 승부욕의 원인이 되기도 한다. 아들러는 "열등감은 인간의 발전동력이다."라고 표현한다. 나쁜 것은 아니지만 과하면 독이 된다. 과하지 않은 열등감은 성장에 도움이 된다. 어느 집이나 형제들을 보면 첫째보다 둘째의 성장이 빠르다. 어린 시절부터 자신보다 잘하는 형을 보며 동생이 형보다 잘하기 위해 더 많이 노력한 결과이다.

열등감은 자신과 타인을 비교하는 과정에서 생기는 자연스러운 현상이다. 주변을 둘러보면 당신보다 잘하는 사람들이 많다. 이때 열등감은 부족한 자신을 들키고 싶지 않은 마음에 상대를 이기는 것에 집착하게 한다. 상대를 이겨야 인정받을 수 있다는 생각은 수단과 방법을 가리지 않고 이기는 것에 집중하게 한다. 때로는 어차피 질 것이라는 확신으로 자포자기를 하는 이들도 있다.

그렇다고 모든 열등감이 부정적인 결과를 뜻하는 것은 아니다. 아인슈타인은 수학에 대해 열등감을 가졌지만, 물리학에 있어 수많은 업적을 남겼다. 결국, 열등감을 어떻게 대하느냐에 따라 자기 자신을 발전시키는 원동력이 되기도 하고, 실패의 근원이 되기도 한다.

라이벌을 이기는 것에 목표를 둔다면, 개인의 성장에 도움이 되지 않는다. 목표를 더욱더 높게 잡아보자. 경쟁 상대는 당신과 비슷한 수준의 라이벌이 아니다. 당신의 경쟁 상대는 바로 자신이다. 어제의 나와 오늘의 나를 경쟁하자. 그렇게 개인의 성장에 집중하다 보면 상대를 이기는 그것뿐만 아니라 그 이상의 내공이 자신에게 쌓여간다. 상대에게 집중하여 스스로 좌절하는 어리석은 결정을 내리지 말자. 스스로 자기 자신이 부족하다고 여기는 열등감에서 벗어나자.

토끼와 거북이의 우화에서 토끼는 자신보다 달리기 실력이 뒤지는 거북이에게 경주를 제안한다. 객관적인 전력을 보았을 때 경주 결과는 토끼의 승리가 예상된다. 토끼는 동등한 실력을 갖춘 무리가 아닌 약자인 거북이와의 경주를 선택했다. 어쩌면 토끼는 경기에서 이기는 것이 목적이었을 수도 있다. 무작정 이기는 것에 목적을 두었다면 이 경기를 통해 토끼는 성장할 수 없다. 그뿐만 아니라, 거북이를 이겼다고 해서 토끼가 잘 뛰었다고도 인정할 수 없다.

부족함은 덮어두고 부정한다고 해서 사라지는 것이 아니다. 스스로 부족하다 느낀다면 열등감을 가지고 이기려 들지 말자. 열등감의 원인을 찾아보자. 그 원인을 인정한다면 의외로 해결할 방법들이 보인다. 당신이 토끼와 같은 입장이라면, 동료보다 달리기를 잘하지 못하는 자신을 인정하자. 그리고 객관적으로 부족함을 채우기 위한 목표를 세우고 조금씩 달라지는 자신을 발견하자. 자기 자신에게 관심을 기울이자. 어제보다 나아진 실력을 갖춘 자신을 살펴보자. 그리고 자기 자신의 가

치를 인정하자. 칭찬하자. 열등감이 원인이 되는 과도한 승부욕은 내려

두자. 열등감을 당신에게 도움이 되는 방향으로 사용해라. 당신은 지금

도 충분히 괜찮은 사람이다. 그러니 열등감 따위는 가질 필요 없다.

5

스스로에게 좋은 사람이 되어라

"요즘에는 이런 신발이 유행이에요. 이걸로 신어보세요."

"엄마가 신으실 거라 발이 편한 부츠로 보여주세요."

"저희 브랜드는 고객님 생각하시는 굽이 낮은 부츠는 없어요. 굽을
조금 낮추어서 맞춤 신발로 제작할 수는 있습니다."

"이거 맘에 드네, 이걸로 하자."

방문한 구두 매장에서 어머니는 직원들의 권유를 쉽게 거절하지 못하
셨다. 분명 편한 부츠가 필요하다고 하셨는데, 굽이 7cm나 되는 신발을

맞추셨다. '마음이 바뀌셨나? 그럴 수도 있지.'라고 생각했는데 어머니는 그 부츠를 신지 않으셨다. 발이 불편해서 오래 걸을 수 없다는 것이다. 다시 매장에 방문했고 어머니는 이번에도 직원들이 권하는 부츠가 마음에 든다며 결정하셨다. 그렇게 어머니에게 세 켤레의 신발을 선물했다.

"엄마, 정말 마음에 들어요?"

"아니, 꼭 그렇지는 않아."

"그런데 왜 직원이 권하는 신발이 맘에 든다고 하세요?"

"싫다고 하면 나를 어떻게 보겠니?"

어머니는 남들이 자신을 어떻게 생각할까 걱정하셨다. 좋은 사람이 되고 싶으셨다.

주변 사람들에게 좋은 사람이라는 평가를 받는 것은 기분 좋은 일이다. 자신을 긍정적으로 평가해주고 좋아한다는데 싫어할 사람은 없다. 우리는 어떤 사람을 좋은 사람으로 기억할까? 이들은 주변의 시시콜콜

한 이야기에 귀를 기울이며 적극적으로 타인에게 도움을 주는 사람들이다. 물론 그런 행동이 필요하다. 서로에게 도움을 주는 관계가 지속해서 유지되는 것은 조직이나 사회에 필요한 행동이다. 타인에게 좋은 사람이 되려는 당신은 자신에게도 좋은 사람인가? 자신에게 좋은 사람이 되어야 타인에게도 좋은 사람이 될 수 있다.

♣ 자신에게 먼저 좋은 사람이 되자

좋은 사람이 되기 위해 자신은 돌보지 않고 타인만을 위한다면 이것은 잘못된 행동이다. 좋은 사람이 되기 위해 자신이 감당할 수 없는 행동까지 해서는 안 된다. 감당할 수 없다면 정중하게 거절하면 된다. 타인의 의견을 수락해야만 좋은 사람이 되는 것은 아니다. 감당하지 못할 일들까지 끌어안으며 정작 자신에게는 나쁜 사람이 되지 말자. 타인에게 좋은 사람이 되기 위해 노력하듯 자신에게도 좋은 사람이 되자. 자신에게 좋은 사람이 타인에게도 좋은 사람이 될 수 있다.

모두에게 사랑받을 수는 없음을 기억하자. 모두에게 사랑받기 위해 노력한다면 당신은 자신에게는 더욱 나쁜 사람이 될 수밖에 없다. 학창 시절『착한 여자 콤플렉스』라는 책을 접하며 착한 사람에 대해 많은 생각을 했던 시절이 있다. 지금은 절판된 책이지만 착한 여자 콤플렉스를 지닌 내담자의 이야기가 소개된 책이다. 소개된 인물들의 사연은 이러하다. 착한 며느리가 되기 위해 시아버지 생신상을 새벽부터 준비하는 며느리의 일상이 소개된다. 시댁에서는 좋은 며느리라 인정받지만, 친정아버지 생일에는 전화 한 통으로 대신하며 속상해한다. 대학에서 공부하고 싶지만 첫째라는 이유로 동생에게 학업의 기회를 양보하고 공장에서 가족을 위해 일하는 착한 언니는 두고두고 학업을 지속하지 못한 과거를 힘들어한다.

이들의 공통점은 주변 사람들이 인정하는 좋은 사람이라는 점에 있다. 마음 한편으로는 속상하지만 다른 사람들의 인정에 위안을 찾는 좋은 사람들. 주변 사람들은 이들이 계속 좋은 사람으로 머물러 있기를 기대한다. 그럴수록 자신을 위한 삶의 영역은 더욱 좁아져간다.

타인의 기대가 아닌 자신의 기대에 집중하자. 타인의 인정이라는 보상에 익숙하다 보면 당신이 착한 행동을 하지 않았을 때 사람들이 당신을 싫어할지 모른다는 불안감이 생긴다. 당신이 착한 사람이 아니어도 당신을 인정하는 상대가 진정 당신을 위하는 사람들이다.

자신을 먼저 돌보고 자신에게 좋은 사람이 되어보자. 타인의 인정에 집중하기보다 스스로 자기 자신을 인정할 수 있는 일에 집중하자. 동생들을 위해 공장에서 일하며 가족에게 좋은 언니로 인정받지만, 학업을 지속하지 못한 자신의 삶에 괴롭다면 당신은 자신에게 좋은 사람이 아니다. 당신이 받아들일 수 있는 정도의 좋은 사람이 되도록 하자. 모든 사람에게 좋은 사람이 될 수 없다는 것을 기억하자.

♣ 자신에게 좋은 사람이 되는 방법

자신에게 좋은 사람이 되기 위해 타인을 위한 착한 사람이 되기를 거부해보자. 그렇게 했을 때 그 사람이 떠나간다면? 그는 당신을 진정으로 위하는 사람이 아니다. 타인의 인정에 집중하는 것은 내가 타인보다 부족하다는 생각에서 시작한다. 타인이 당신을 인정하지 않을까 하는 두려움에, 당신을 싫어하지는 않을까 하는 걱정에 솔직한 마음을 감추지 말자.

자신의 소중한 감정과 체력을 돌보지 않아 지친다면 타인에게도 결코 좋은 사람이 될 수 없다. 타인의 인정에 크게 반응하는 사람들의 특징은 타인 인정을 통해 자신감을 회복하려는 낮은 자존감을 지니고 있다는 것이다. 타인에게 더 많은 인정을 받으려고 노력할수록 정작 자신이 원하는 것이 무엇인지에 대해서는 관심이 멀어져간다. 자신이 삶의 주인이 되기보다 타인의 시각이 삶의 중심이 된다. 당신이 남들보다 부족하다는 열등감을 가지고 있을수록 타인의 인정에 더욱 집착하게 된다.

사람은 누구나 완벽할 수 없다. '내가 좀 부족한 부분이 있을 수 있지.'라고 완벽할 수 없다는 것을 인정해보자. 당신이 하고 싶은 말을 했을 때 상대가 미워할까 봐 걱정이라면, '나를 잠시 미워하면 좀 어때?'라고 생각해보는 것도 좋다. 과감히 용기 내어 당신의 의견을 말해보자. 당신이 할 수 없는 일에 대해서는 인정하고, 타인에게 도움 줄 수 없다면 때로는 거절해도 된다. 그렇다고 해서 상대가 당신을 미워한다면 그런 관계는 지금이라도 정리하는 편이 더 나을 수 있다.

자신에게 좋은 사람이 되기 위해 어떻게 하면 당신에게 더 잘해 줄 수 있을지를 알고 실천해보자. 『모두에게 사랑받을 필요는 없다』의 저자 재키 마슨은 자신에게 더 잘해주는 방법으로 다음과 같은 방법을 제시한다.

– 타인에게서 베풀었던 배려와 친절을 자신에게 기울여라.
– 자신의 긍정적 장점들을 기록하고 수시로 기억하며 칭찬하라.
– 하루 동안 좋은 일 세 가지를 실천하고 기록하라.
– 당신을 소중히 여기고 좋아하는 일을 맘껏 즐겨라.
– 하루를 성찰하며 앞으로 더욱 즐거운 일상을 만드는 방법을 찾아라.

좋은 사람이 되는 것은 좋지만, 타인의 인정이 삶의 중심이 되어서는 안 된다. 타인의 인정보다 우선시되는 것이 자신의 인정이다. 모든 사람에게 좋은 사람이 될 수 없음을 인정하자. 좋은 사람은 되어도 호구는 되지 말자. 감당할 수 있는 범위에서의 좋은 사람이 되는 것이 자신에게도 좋은 사람이 되는 것이다. 당신에게 좋은 사람이 되도록 집중하고 노력해보자. 그렇게 행동하다 보면 당신의 자존감은 높아질 것이다. 이제 삶의 주인공은 타인이 아닌 당신이다.

Clover Tip

호구 되지 않는 법

1. 불필요한 말을 너무 많이 하지 않는다.

2. 차분하고 강하게 말한다.

3. 거절하면 상대가 나를 싫어할 거라는 불안감을 버린다.

https://youtu.be/3SgHbIRAMVY

PART 03

인생의 행운을
만들어라

1

시간이 부족하다면 만들어라

"중학생이 되면 뭐가 달라져요?"

올해 조카가 중학생이 된다. 처음 시작하는 중학생 학교생활이 기대되는지 초등학교와 어떤 다른 점이 있는지 질문했다.

"공부를 많이 해야지."
"수학이 어려워져."

가족들은 저마다 한마디씩 이야기했다. 작은엄마의 대답을 기다리는 조카에게 내가 한 대답은 "시간이 정말 빨리 갈 거야."라는 것이었다.

초등학교에 다니던 6년은 길게 느껴졌다. 빨리 어른이 되고 싶었는데 기다리는 기간은 느리게 지나갔다. 그 이후의 시간은 더욱 빠르게 느껴졌는데 "시간이 화살과 같다."라는 말을 실감하게 했다. 시간의 흐름은 늘 일정한데 느끼는 속도는 나이대별로 다르게 느껴진다.

20대와 30대의 시간은 정말 눈 깜짝할 사이에 지나갔다. 이 시기는 미래를 준비하기 위해 열심히 살아가는 시기이다. 무언가 성과를 만들어야 한다는 부담감 때문일까? 열심히 일하고 많은 성과를 내고 싶은 마음이 클수록 시간은 늘 부족했다. 시간에 쫓기듯 생활했고, 빨리빨리는 일상 언어가 되었다. 서둘러야 해결되는 일들이 많아졌다.

남녀노소, 금수저, 흙수저 불문하고 신이 인간에게 공평하게 주신 선물이 있으니 하루 24시간이다. 지금과 다른 삶을 준비하고 있다면 시간을 잘 사용해야 한다. 한정적인 시간을 지금과 같은 방식으로는 사용한다면 늘 부족함을 느낄 수밖에 없다. 결국, 어떻게 사용하느냐의 문제이다. 집중할 수 있는 자신만의 시간을 만들어라. 아침을 조금 일찍 시작한다면 할 수 있는 일이 더 많아진다.

♣ 자신만의 집중할 수 있는 시간을 만들어본다

나이가 들수록 관계가 확장된다. 학창 시절엔 학생이라는 존재감이 전부였지만 사회활동을 할수록 관계는 늘어간다. 동아리 모임에서의 회원, 직장에서의 직함. 가족 일원, 취미 활동이나 종교 활동 일원 등 역할이 있다. 관계의 영역이 더욱 확장된다. 여기에 자기 계발을 위한 시간을 더한다는 것은 쉽지 않은 노력이다.

결혼 후 아이를 키우다 보니, 가족의 범위가 더욱 확장되었다. 아이에게 집중하다 보면 자신만을 위한 시간을 갖는다는 것은 더욱 어렵다. 한창 일할 시기에 전업 육아에 집중하다 보니 이렇게 경력이 단절되는 것은 아닌지 불안감이 엄숙했다. 비슷한 시기에 일을 시작했는데 소위 잘나가는 지인의 모습을 볼 때마다 더욱 그러했다. 아이와 함께 있다 보니 자신을 위해 집중할 수 있는 시간이 절대적으로 부족했다.

해결책으로 하루 중 누구에게도 방해받지 않는 시간을 찾아보았다. 이때 찾은 시간이 새벽 4시. 자신에게 온전히 집중할 수 있는 시간이다. 아침 7시가 될 때까지 가족이 잠들어 있는 동안 미래를 준비했다. 네이버 카페를 만들어 만사천 명 이상의 회원을 만들었고 블로그를 통해 글을 준비하였으며 꾸준히 독서를 했다. 그렇게 아이가 자랄 때까지 나만을 위해 새벽을 보냈다. 결실은 몇 년 후에 본격적으로 강의를 시작할 때쯤 빛을 발했다. 카페를 통해 강좌를 시작할 수 있었고 블로그를 통해 강의가 들어왔다. 시간이 없어 시작할 수 없다고 생각했던 그 시절. 자신에게 집중할 수 있는 새벽 4시가 없었다면 오늘은 없었을 것이다.

일찍 일어나기 위해 잠을 줄이지 않았다. 저녁 9시에 잠이 들었다. 미니시리즈를 멀리한 대신 자신만을 위한 새벽을 선택했다. 무엇을 줄이고 시간을 확보할지 결단한다면 자신을 위해 집중할 시간을 만들 수 있다. 『나의 하루는 4시 30분에 시작된다』를 쓴 작가 김유진 변호사도 새벽 기상을 통해 자기 계발에 성공한 사례를 보여준 사람이다. 그는 '새벽은 내가 주도하는 시간'이라고 표현한다. 새벽 기상을 통해 얻은 시간은 자신의 의지로 만든 나만의 시간이다.

2009년부터 관리하고 있는 네이버카페와
2년전부터 시작한 유튜브

하고 싶은 일이 있다면 자신에게 집중하는 새벽을 만들어라. 평소보다 조금 일찍 일어나기 시작해보자. 방해받지 않고 오롯이 자기 자신에게 집중할 수 있는 시간을 확보할 수 있다면 짧은 시간이라도 좋다. 자신만을 위한 시간이 습관처럼 반복된다면 그 시간이 모여 당신에게 힘이 된다.

♣ 잠들기 전 생각을 정리할 수 있는 시간을 활용한다

당신의 꿈을 위해 투자하는 새벽 시간을 확보했다면 잠자리에 들기 전 생각에 집중하는 시간을 가져보자. 잠자리에 들기 전 중요한 생각을 정돈해라. 생각이 구체적으로 정돈되어야 실행할 수 있다. 예를 들어 다음 주 회의를 준비하는데 고민은 되지만 무엇을 먼저 할지 생각이 정리되지 않는다면 어떠할까? 일은 해야 하는데 실행하지 못하고 생각만 하게 된다. 새로운 아이디어가 필요한 순간에도 그렇다. 아이디어는 머릿속에 떠다니지만 구체적이지 않다면 행동할 수 없다. 그렇다면 잠자리에 들기 전 중요한 일들을 떠올리며 생각을 정리해보자.

잠을 자는 동안 우리가 해결해야 하는 문제들의 해답과 아이디어를 얻을 수 있다. 이미 많은 학자가 잠을 자는 동안 아이디어를 얻어 유명한 발견을 하곤 했다. 발명왕 에디슨은 연구의 진척이 없을 때 쇠 구슬을 들고 선잠을 청했다. 살짝 잠이 든 상태에서 근육이 이완될 때 즈음 손에 쥔 쇠 구슬이 떨어지는 소리에 일어나 잠시 잠을 잔 동안 머릿속에 떠오른 자신의 아이디어를 수집하곤 했다. 아인슈타인도 잠자리에 들기 전 메모를 위한 필기구를 머리맡에 두고 잠이 들었다고 한다. 이렇듯 잠을 자는 동안에도 우리의 뇌는 활발히 활동하고 예상치 못한 아이디어를 얻을 수 있다. 평범한 우리도 일상에서 잠을 통한 새로운 경험을 시도해볼 수 있다.

잠자리에 들기 전 의식처럼 당신이 해결해야 할 중요한 문제에 대해 집중하는 시간을 가져보고 잠을 청해보자. 때로는 직장에서 사람들과의 갈등 관계의 문제일 수도 있다. 기업에 보내야 하는 제안서를 생각하기도 하고, 새롭게 시작하는 강의 기획이 될 때도 있다. 그렇게 당신이 중요하게 생각하는 문제에 집중하고 잠을 청해보자. 기억하지는 못해도 자는 동안 우리의 뇌는 활발히 움직인다. 아침이 되면, 바로 흰 종

이에 머릿속에 떠오르는 기억을 적어보자.

의식과 무의식 사이에 떠다니는 생각들을 마구 적어보자. 글을 써 내려가다 보면 자신이 읽기에 유치해 보이는 글들이 써질 수도 있다. 괜찮다. 그 또한 당신의 생각이니 잘못된 것이 아니다. 『아티스트 웨이』의 작가 줄리아 카메론은 자기 안의 창조성을 깨우기 위해 아침마다 모닝 페이지를 쓸 것을 제안한다. 모닝 페이지는 아침에 일어나자마자 떠오르는 생각들을 3페이지 작성하는 것이다. 본인은 10년 전 『아티스트 웨이』라는 책을 접하고 꾸준히 모닝 페이지를 쓰고 있는데 이때의 기록이 일상에 많은 영감을 주고 있다. 신기하게도 전날 밤 고민했던 문제들이 아침에 글을 쓰다 보면 해결되는 놀라운 경험을 지속해서 하고 있다. 떠다니던 생각들이 아침이 되면 구체화되어 명확해진다.

"모닝 페이지는 우리의 내부를 그려낸다. 그것이 없었다면 우리의 꿈은 여전히 미지의 세계에 남아 있을 것이다." - 『아티스트 웨이』

잠들기 전 스마트폰을 보며 잠을 청했는가? 그랬다면 이제부터 잠들기 전 중요하게 생각했던 일들을 떠올리며 잠을 청해보자. 아침이 되면 새로운 생각들이 당신을 기다릴 것이다. 아침이 되어 내면의 생각들을 끌어내어 기록하다 보면 자신에게 더욱 집중하게 된다. 때로는 우리를 절망에서 구해내고, 고민의 해결이라는 만족감을 가져다준다.

일은 많은데 시간이 부족하다고 느껴지는가? 자기 계발을 위해 자격증 준비를 하고 있는데 공부할 시간이 부족하다고 느껴지는가? 그렇다면 아주 짧은 시간이라도 당신이 몰입할 수 있는 시간을 찾아보자. 많은 시간을 할애하지 않아도 된다. 자신에게 주어진 집중할 수 있는 새벽과 잠들기 전 시간을 활용해 몰입하다 보면, 시간을 보다 효율적으로 활용할 수 있다. 하루 1시간의 여유시간도 한 달이면 30시간이고 1년이면 365시간이다. 일 년 중 최소 15일을 나만을 위해 온전히 사용하는 것은 멋진 일이 아닐까? 같은 시간이더라도 어떻게 사용하느냐에 따라 누군가는 그 시간을 부족하게, 누군가는 여유롭게 느낄 수 있다.

2
이미 성공한 사람처럼 행동하라

"나비처럼 날아서 벌처럼 쏜다."

무하마드 알리의 유명한 말이다. 승자의 한마디 같지만, 첫 챔피언전 경기를 앞두고 한 말이다. 말은 현실이 되어 그는 승리했다.

무하마드 알리는 권투 역사상 가장 위대한 선수로 기억된다. 핵 주먹으로 잘 알려진 조지 포먼도 "사상 최고의 압도적인 존재감을 발휘한 선수는 무하마드 알리"라며 칭송했다. 그는 늘 승자처럼 말했고, 경기 중 기세가 밀리는 순간에도 웃으며 여유를 보였다. 대결했던 선수들은 승자처럼 행동하는 무하마드 알리를 두려워했고 경기 전 이미 심리전에서 무너졌다. 무하마드 알리의 승리 비결은 승자처럼 행동하는 태도에 있었다.

"부자가 되고 싶다면 부자처럼 행동하고 말하라. 그럼 당신도 부자가될 수 있다."라는 이건희 전 삼성 회장의 말처럼 행동이 운명을 바꿀 수있다. 승자는 승자처럼 행동한다. 성공한 사람은 성공한 사람처럼 행동한다. 지금과는 다른 삶을 살고 싶다면 당신의 태도를 이미 성공한 사람의 행동으로 바꾸어보자. 행동이 바뀌면 당신의 삶이 달라진다.

♣ 닮고 싶은 롤 모델을 정해 보자

롤 모델을 정하는 것도 좋다. 롤 모델롤 모델을 찾아서 그들처럼 행동하고 닮아가길 간절히 바라면 그들과 비슷해질 수 있다. 나다니엘 호오돈의 『큰 바위 얼굴』 주인공 어니스트처럼 말이다. 어니스트가 사는 산기슭 마을에는 사람 얼굴로 보이는 큰 바위가 있다. 아주 오래전부터사람들은 마을 사람 중 큰 바위 얼굴을 닮은 존경받는 사람이 나타날 것이라고 믿었다.

어니스트도 큰 바위 얼굴을 바라보며 존경받는 사람이 마을에 나타나기를 간절히 희망했다. 그리고 스스로 큰 바위 얼굴처럼 존경받는 사람이 되고자 노력하는 삶을 살았다. 세월이 흘러 어니스트가 성인이 될 때까지 큰 바위 얼굴을 닮은 사람은 나타나지 않았다.

그러던 어느 날 마을 사람들과 함께 토론하던 중 누군가가 외쳤다. "어니스트의 얼굴이 큰 바위 얼굴을 똑 닮았어!" 마을 사람들은 어니스트의 얼굴을 바라보며 한마디씩 외쳤다. "그러고 보니 어니스트가 큰 바위 얼굴이었어!"라며 기뻐했다. 누군가를 동경하며 닮아가려고 애쓰다 보면 어느새 그와 비슷한 인물이 되어간다. 닮고 싶은 롤 모델을 정해보자. 그리고 그들이 성공한 방식으로 그들처럼 행동해보자. 행동을 바꾸면 당신의 일상이 바뀐다. 성공하고 싶다면 성공한 사람처럼 행동하자.

♣ 몸짓 언어를 바꾸면 의식이 움직인다

'파워포즈'라는 말을 들어본 적이 있는가? 파워포즈는 자신감 있는 자세를 취하는 것이다.

어깨를 펴는 동작, 양손을 허리에 올리거나 하는 등의 동작이 파워포즈다. 이러한 자세를 취하는 것만으로도 우리의 마음이 강해진다. 할 수 있다는 자신감이 생겨난다. 몸짓 언어를 자신감 있는 태도로 바꾸는 것만으로도 우리의 일상이 달라질 수 있다.

살면서 몇 번의 긴장되고 떨리는 순간이 있었다. 면접을 기다리는 시간이 그렇다. 중요한 면접이라 생각할수록 초조한 긴장감은 최고조에 이른다. '잘할 수 있다.'라고 스스로 응원해보지만, 말처럼 쉽게 자신감이 오르지는 않는다. 이때 몸짓 언어를 바꾸면 의식이 달라진다. 긴장되거나 자신감 없는 상황에서 우리는 몸을 웅크리며 불안한 마음을 표현한다. 몸을 웅크리는 행동은 누가 봐도 자신감이 없어 보이는 행동이다.

행동을 바꾸어보자. 자신감 있는 사람처럼 행동하면 면접의 결과도 달라진다. 하버드 대학의 경영대 교수는 면접을 준비하는 사람들을 대상으로 실험을 했다. 사람들의 열린 행동이 일상생활에 어떠한 영향을 미치는지를 확인하기 위해서이다. 열린 행동은 심장이 보이도록 몸을 크게 펴는 행동으로 자신감 있는 행동이다. 열린 행동의 반대말은 닫힌 행동으로 팔로 심장을 가리고 몸을 작게 웅크리는 행동이다.

A그룹의 사람들에게는 면접을 시행하기 전 2분 동안 심장을 열고, 몸을 크게 만드는 열린 행동의 파워포즈를 취하게 했다. B그룹의 사람들에게는 2분 동안 심장을 닫고 몸을 웅크리며 엎드리는 등의 닫힌 행동을 취하게 했다. 그리고 면접을 진행한 후 이들의 면접 결과를 비교하였다.

그 결과 열린 행동을 취한 A그룹의 사람들에게서 자신감을 높여주는 테스토스테론이 20% 증가했다. 닫힌 행동을 취한 B그룹의 사람에게는 만성피로와 불안감을 유발하는 코르티솔이 25% 증가했다. 승리감을 표현하는 열린 태도를 취하는 사람들에게 자신이 승자라고 여기는 자신감이 생겨난 것이다. 태도는 마음에 영향을 주고 일상에 영향을 미친다. 당신의 일상을 바꾸고 싶다면 행동을 바꾸어라. 당신의 마음에 성공의 열정이 있다면 이미 이룬 것 같이 행동하고 말해보자. 그러면 성공의 행운이 곁에 머무르게 될 것이다.

♣ 이미 꿈을 이룬 사람처럼 행동하며 에너지를 쏟아라

성공한 1%의 사람들만 알고 있다는 성공의 비결이 있다. 비결은 당신이 바라는 꿈을 구체적으로 상상하고 그 꿈을 이룬 사람처럼 행동하는 것이다. 존경받는 위대한 사람들의 성공 비결을 소개한 책『시크릿』에 소개된 내용이다. 성공한 사람들은 자신의 꿈이 실패할 것이라는 생각을 하지 않는다는 공통점이 있다. 꿈을 이룬 사람처럼 행동하다 보면 긍정적인 에너지가 흘러넘치게 된다. 그리고 자신의 꿈에 보다 긍정적으로 집중하게 된다. 실패한 사람들은 실패한 사람처럼 행동하고 실패할 수도 있다고 생각한다. 성공과 실패의 차이가 여기에 있다.

성공하는 사람들이 그러했듯이 당신은 이미 꿈을 이룬 사람이라 생각하고 행동해보자. 어깨를 열고, 허리를 세우고, 이 정도의 일쯤이야 해낼 수 있는 사람인 듯 미소를 띠어보자. 긴장하지 말자는 여러 말보다 마음이 편안해지고, 당신의 성공에 집중할 수 있다.

성공하고 싶다면, 승자의 행동 그리고 성공한 사람들의 행동을 취해 보자. 그러다 보면 당신에게도 승자의 기쁨을 누리는 순간이 올 것이 다.

"우리는 행복해서 웃는 것이 아니라, 웃다 보면 행복합니다."라는 윌리엄 제임스의 명언처럼, 행동을 바꾸면 마음도 바뀐다. 꿈을 이룬 듯 승자처럼 행동하다 보면 당신은 이미 승자가 되어 있다.

Clover Tip

첫인상을 좋게 하는 몸짓 언어

(호감형, 공격형, 소극형)

1. 호감형의 사람들은 상대를 바라보는 시선처리를 한다.

2. 호감형의 사람들은 자세가 바르고 타인에게 몸을 기울이며 이야기

   를 한다.

3. 호감형의 사람들은 표정이 밝다.

https://youtu.be/N39G81GJ2qw

3

사람을 얻는 것이 운의 전부다

"세상에서 가장 어려운 일이 무엇인지 아니?"

"글쎄, 돈 버는 일?"

"세상에서 가장 어려운 일은 바로 사람의 마음을 얻는 것이란다."

『어린 왕자』에 소개된 여우와의 대화 내용이다. 사람의 마음을 얻는 일은 세상에서 가장 어려운 일이고, 중요한 일이다. 사람의 마음을 얻고 좋은 관계를 유지하는 삶을 통해 우리는 행복한 감정과 편안함을 느낀다. 건강을 잃으면 모든 것을 잃는다는 말이 있지만, 사람을 잃고 고

립되면 건강을 잃을 수도 있다. 어쩌면 사람을 잃으면 모든 것을 잃을 수도 있다.

사람을 소중히 여기는 사람이 있는가 하면 다시 안 볼 것처럼 무례하게 대하는 사람도 있다. 살면서 무례한 사람을 여럿 만나 보았다. 그들에게는 공통점이 있는데 타인을 대하는 데 있어 성과를 위해 거친 행동을 서슴지 않는다는 것이다. 그래서인지 그들의 성과는 늘 좋은 편이지만, 주변에 사람은 없다. 주변 사람들은 그들과 성과를 위해 함께하지만 관계를 지속하지는 않는다. 결국, 무례한 사람들은 관계에 있어 현재는 있지만, 미래는 없다. 무례한 사람과 오래 관계할 사람은 없기 때문이다. 성공한 사람들은 친절하다. 타인을 소중히 여기는 마음은 친절한 행동으로 이어지고 그러한 행동의 결과로 기회가 따른다.

♣ 성공하는 사람은 친절하다

타인을 특별한 사람으로 대하는 친절을 더해보자. 당신에게 더 많은 기회가 운명 같이 찾아올 것이다. 세기의 슈퍼 세일즈맨 조 지라드의 기록은 전무후무하다. 15년 동안 13,001대의 자동차를 판매하며 12년 연속 세계기네스북에 올랐다. 조 지라드의 놀라운 판매 비결은 사람을 소중히 대하는 데 있다. 그는 누구를 만나든 특별한 고객으로 여기고 대했다.

한번은 조 지라드의 전시장에 초라한 차림의 여성이 방문했다. 그녀는 누가 봐도 자동차를 구매할 여력이 없어 보였다. 원래 그 여성은 건너편 다른 브랜드의 자동차를 구매할 예정이었다. 직원들은 느낌으로 자동차를 구매하지 않으리라는 것을 짐작하고 점심시간 동안 고객을 기다리도록 했다. 조 지라드의 전시장에는 기다리는 동안 시간이 남아 방문한 것이다.

조 지라드는 전시장의 자동차를 둘러보며 이런저런 이야기를 나누던 도중 오늘이 고객의 생일이라는 것을 알게 되었다. 구매와 관계없이 조 지라드는 그녀의 생일을 축하했다. 비서를 시켜 준비한 장미꽃을 고객에게 전하며 "생일 축하드립니다."라고 축하의 말을 전했다. 예상치 못한 선물을 받은 여성은 눈물을 글썽이며 감동했고, 흔쾌히 자동차를 구매했다.

여성의 솔직한 마음은 맞은편 전시장의 자동차는 마음에 들었으나, 직원의 태도는 마음에 들지 않아 머뭇거리고 있던 상태였다. 그녀를 특별하게 대하는 조 지라드를 만나자 맞은편 자동차와 더는 비교할 필요가 없어졌다. 자신을 특별하게 대하는 사람과 기분 좋은 거래를 해야겠다고 결심한 것이다. 조 지라드에게는 성과만을 바라보는 무례함을 찾아볼 수 없었다. 그는 사람들에게 친절했으며 이러한 친절은 예기치 못한 성과로 이어졌다.

아무리 판매 스킬이 좋더라도 당신을 좋아하는 사람이 없다면 기회는 없다. 지금은 혼자서 모든 일을 하며 성과를 만들 수 있는 시대가 아니다. 빠르게 변화하는 복잡한 사회를 살아가는 우리에게 사람들과 좋은 관계를 유지하는 것은 성공의 경쟁력이다. 유난히 사람들과 좋은 관계를 유지하는 사람들이 있다. 그들에게는 타인을 특별하게 여기고 친절하다는 공통점이 있다. 만남에서 '상대가 나를 특별하게 대하고 있구나!'라는 것을 충분히 느낄 수 있는 표현을 추가해보자. 친절한 사람에게 더 많은 기회가 온다. 상대가 편안함을 느낄 수 있도록 타인에게 당신을 맞추어보자. 상대의 행동과 속도에 자신을 맞추어주는 친화력을 더한다면 당신과 관계하는 사람들이 더 늘어날 것이다.

♣ 성공하는 사람들의 성공 비결 친화력

국제적으로 유명한 사진작가 니콜라스 부스먼의 사진은 늘 특별했다. 그는 모델의 장점을 부각하는 좋은 사진을 잘 찍어낸다. 평범해 보이는 모델이라도 그와 함께 작업하면 마음껏 포즈를 취하고 기대 이상의 작품이 완성된다.

그와 함께하는 사람들은 누구든 편안함을 느끼고 관계를 지속한다. 니콜라스 부스먼은 성공 비결을 질문하는 사람들에게 비결은 친화력에 있다고 말한다. 그는 상대의 속도와 행동에 집중하고 그들과 비슷한 행동을 취하며 자신을 맞춘다. 이러한 행동은 상대에게 편안함을 제공하고 친화력을 발휘한다. 함께 작업한 사람들은 그가 자신을 특별하게 대한다는 것을 느낀다. 사람들은 상대를 특별하게 대하는 그를 신뢰하고 기대 이상의 능력을 카메라 앞에서 펼쳐 보일 수 있었다.

타인에게 편안함을 제공하는 친화력을 가진다면 주변에 사람들과 기대 이상의 성과를 얻을 수 있다. 당신과의 관계를 지속하고자 하는 사람들이 늘어난다는 것은 당신에게 협조자가 늘어난다는 것이다. 지금 당신 곁에 있는 사람들을 언제든 다시 만날 수 있다. 다시 만날 사람들과 함께한다는 생각으로 사람들을 대해보자. 친절과 친화력을 더해 특별한 사람으로 대한다면 그들도 당신을 특별한 사람으로 기억할 것이다.

♣ 미국 대통령 후버의 인연

당신이 누군가에게 특별한 사람으로 기억된다면 그는 당신의 협조자가 된다. 미국 31대 대통령 하버트 후버는 대학 시절 폴란드의 피아니스트 파데레프스키와 특별한 인연을 맺었다. 스탠퍼드대 재학 시 경제 사정이 넉넉지 않았던 하버트 후버는 친구와 음악회를 기획한다. 음악회 판매 수익금으로 학비를 마련하려 했지만 티켓 판매는 저조했다. 자칫 빚을 지게 될지도 모르는 상황이었다. 그러다 파데레프스키가 인근에서 공연한다는 소식을 접하고는 스탠퍼드 대학에서도 공연해 달라고 부탁했다. 섭외가 성사되지 않을 것이라는 모두의 예상은 빗나갔다. 살아 있는 쇼팽이라 불리는 파데레프스키는 스탠퍼드 대학 강당에서 혼신의 연주를 했다. 계약 조건은 수익의 절반이었지만 하버트 후버의 어려운 경제 사정을 짐작한 파데레프스키는 돈을 받지 않았다.

27년의 세월이 흘러 파데레프스키는 폴란드의 초대 총리가 되었고, 하버트 후버는 미국연방 식량 구호 국장이 되었다. 폴란드 초대 총리가 된 파데레프스키의 사정은 좋지 않았다. 1차 세계대전 후 폴란드는 극심한 식량난을 겪었고 여론의 비난은 파데레프스키에게 쏟아졌다.

식량을 구하지 못한 그는 결국 사퇴를 결심하기에 이르렀다. 그런데 폴란드 국민 1년 치 식량인 2백만 톤의 식량이 미국연방 식량 구호국에서 도착했다. 함께 도착한 편지에는 '27년 전 정말 감사했습니다.'라고 적혀 있었다. 하버트 후버는 자신에게 호의를 베푼 파데레프스키를 특별한 사람으로 기억했고 그가 처한 어려움을 해결하고자 적극적으로 나섰다.

사람의 마음을 얻으면 그는 당신의 지원군이 된다. 성공한 사람들은 친절하다는 것을 기억하라. 상대를 특별한 사람으로 여기고 대해라. 그러면 그는 당신을 특별한 사람으로 기억할 것이다. 성과보다 중요한 것은 함께하는 사람의 마음을 얻는 것임을 잊지 말자. 지속적인 성공은 주변에 좋은 사람들과 힘을 모았을 때 가능하다. 잠시의 성공을 위해 다시는 안 볼 사람처럼 무례한 행동을 한다면 그 성공은 잠시의 성공이다. 지속적인 성공을 바란다면 지속해서 사람들과 좋은 관계를 맺어야 한다.

상대방을 내편으로 만드는 끌리는 화법

1. 호감의 말투는 함께 지속적으로 관계를 이어간다는 전제하에 대화

   한다.

2. 비호감의 말투는 본인의 이야기를 먼저 한다.

3. 보통의 말투는 상대방에게 공감을 하며 이야기한다.

https://youtu.be/9pn7K66Z2v0

4

지금 할 수 있는 것부터 하라

"이봐, 해봤어?"

정주영 전 현대그룹 회장이 자주 사용했던 말이다. 그는 시작하는 데 있어 주저하는 직원들에게 일단 시도해볼 것을 격려했다. 회장의 추진력을 알 수 있는 이 말은 한국 기업인이 뽑은 최고의 어록으로 선정되기도 했다.

시작이 반이라는 말이 있다. 시작만 했을 뿐인데 전체 기여도 50%가

된다는 건 그만큼 행동이 어렵다는 의미이다. 해야 한다고 생각이 들었다면 추진해야 한다. 세상은 더욱 빠르게 변해가고 있다. 현재는 VUCA 시대이다. VUCA란 변동성(Volatility), 불확실성(Uncertainty), 복잡성(Complexity), 모호성(Ambiguity)의 약자이다. 빠르게 변화하는 요즘은 상황을 정확히 판단하기 어렵기에 즉각적이고 유동적인 대응이 필요하다. 지금의 방식만을 고집하며 살아간다면 변화에 적응하지 못하고 도태된다. 자신이 원하는 삶의 방향성은 유지하되 새로운 전략으로 환경에 적응하는 인재가 성공한다.

경험해야 알 수 있다. 시도해봐야 기회가 생긴다. 물론 신중하게 고민하고 제대로 시작해서 성공하는 것도 중요하다. 하지만 깊은 고민에 시작도 못 하고 시간을 보내서는 안 된다. '시작해야 하는데…'라고 생각만 하고 움직이지 않는다면 당신은 실패 습관을 지니고 있다. 생각했으면 과감하게 시도해보자. 해야 한다는 생각이 들었다면 그 순간이 당신이 새로운 시작을 할 때다. 생각을 실행에 바로 옮기지 못하는 이유는 시작을 방해하는 마음속 두려움 때문이다. 당신을 방해하는 장애물을 걷어내자.

지금 시작해야 한다고 생각은 하지만 바로 실행에 옮기지 못하는 이유는 무엇일까? 당신이 간절히 원하는 일이 아닐 수도 있다. 운동을 시작해야 한다며 미루기를 반복한다면 운동은 당신에게 중요한 일이 아닐 수 있다. 운동보다는 업무에 시간을 할애하는 것이 우선순위에 있다면 운동은 남는 시간에나 할 수 있다. 아마도 시간이 남는 일은 없을 것이다.

그렇다면 확실하게 우선순위를 정해보도록 하자. 두 마리의 토끼를 잡으려다 모두 놓칠 수 있다. TV를 보며 독서를 한다면 TV는 재미없고, 책의 내용은 기억에 남지 않는다. 당신이 모든 것을 잘할 수 있는 슈퍼맨이 아님을 인정하자. 당신에게 중요한 일이 아닌데도 남들이 시작하니 해야 하나? 흔들리지 말자. 당신에게 중요한 한 가지에 집중해라. 그렇다면 그것만큼은 잘 해낼 수 있다.

확실하게 원하는 것인데도 주저한다면 실패를 두려워하는 두려움이 원인이다.

"혹시나 내가 실패하면 어떻게 하지?"
"설마 내가 할 수 있겠어?"

이런 생각은 당신의 시작을 가로막는 장애물이다. 이 장애물을 걷어내지 않으면 당신은 지금까지 해왔던 비슷한 일만 할 수 있다. 달라지기를 기대하는가? 지금과는 다른 변화된 삶을 기대한다면 실패를 두려워 말자. 두렵다고 피한다면 지금과 같은 삶을 살 수밖에 없다. 실패를 해봐야 성공하는 방법을 알 수 있다.

발명왕 에디슨은 전구를 발명할 때 무려 1,200번의 실험에 실패했다. 실험에 함께하는 연구원이 에디슨에게 "1,200번이나 성공하지 못했는데, 아무래도 이번 실험은 실패인 것 같습니다."라고 말했다. 이 말에 에디슨은 응답했다.

"무슨 말인가? 나는 전구를 발명할 수 없는 방법을 1,000가지나 알아

냈는데 말일세."

에디슨의 전구 발명은 여러 번의 실패를 통해 성공의 방법을 찾아낸 결과였다. 실패는 두렵지만, 실패해야 성공하는 방법을 알 수 있다.

"설마 내가 할 수 있겠어?"라는 두려운 마음이 든다면 "혹시 알아? 내가 할 수도 있잖아. 하지 못한다고 하더라도 실패를 통해 성공의 다른 방법을 알 수 있다면 해보는 것도 나쁘지 않아."라고 생각해보자. 시작의 두려움과 스스로에 대한 과소평가를 버려라. 지금 당신이 도전한다면 성공의 시작 선에 한 발 내딛는 사건이 된다.

♣ 늦은 시작이란 없다

늦었다는 생각은 당신의 추진력을 가로막는 장애물이다. 늦었다고 생각할 때가 가장 빠를 때라는 말이 있다. 시간이 지난 후 '그때라도 시작했어야 했는데…'라는 아쉬움이 남는 경우들도 많다. 나이가 많아서, 이미 남들도 다 하는 일이라 늦었다고 생각할 수 있다. 확실한 건 오늘은 당신이 가장 젊은 날이다. 지금 시작하면 당신이 할 수 있는 가장 빠른 시작이다. 늦었다는 생각을 버려라.

늦은 시작이란 없다. 누구든 도전하면 기회는 있다. 73세 박막례 할머니는 136만 구독자를 지닌 유튜브 크리에이터이다. 70세에 유튜브를 시작했을 때만 해도 구글 본사에 초대받고, 유튜브 CEO 수전 워치스키와 구글 CEO 순다르와 일대일 만남을 가질 것이라고 누가 예상했겠는가? 시작은 치매 위험 진단을 받고 이대로 죽을 수는 없다며 호주 여행을 떠난 것에서부터 비롯된다. 박막례 할머니는 70대에 시작한 유튜브이지만 그분만의 개성이 전해지며 많은 구독자를 보유하고 있다. 나이는 숫자에 불과하다는 말을 현실로 만들었다.

나이와 상관없이 도전할 수 있고, 시작하면 결실을 볼 수 있는 시대에 살고 있으니 당신은 행운아다. 하고자 하는 일이 있는가? 끊이지 않는 도전의 목표가 생긴다는 것은 삶의 즐거움이다. 세상은 어제와 다른 오늘을 기록한다. 움직이고 도전해보자. 할까 말까 망설인다면 일단 시작부터 해보자. 당신이 지금 시작할 수 있는 작은 일부터 하나씩 시작해보자. 처음부터 완벽한 사람이 어디 있겠는가? 완벽해야만 한다는 기대를 조금 내려두자. 겪게 되는 실수는 성공을 배우는 과정이다. 자신에게 조금 관대한 마음을 가지고 시작하다 보면, 시작은 미약하나 끝은 창대한 기적 같은 일이 당신에게 일어날 수 있다. 그래도 실패하면 어쩌나 두려운 마음이 든다면 스스로 질문해보자. '왜? 안 된다고 생각하는 거야?'라고 말이다. 안 되는 이유가 나오는가? 그렇다면 그 이유를 해결하는 것을 당신의 새로운 목표로 삼아라. 시도해야 기회는 온다. 움직이지 않으면 일은 일어나지 않는다. 앞으로 일어날 일은 아무도 알 수 없다. 행하면서 해답을 찾아가야 한다. 하고자 하는 일이 있다면 시도해라.

PART 04

새로운 도전을 위해
행동하라

1

인생의 목표와 꿈은 무엇인가?

"돈이 없는 사람은 인생에 꿈이 없었던 사람이다. 돈을 모으는 꿈이
돈을 모아 준다." –머피–

꿈은 이루고 싶다는 희망과 이상이다. 희망은 미래를 바라는 마음이
지 현실은 아니다. 현실로 이루어졌으면 좋겠다는 마음을 가져 본 것뿐
인데, 이 마음이 있어야 실천할 수 있다. 꿈이 있어야 목표가 그려지기
때문이다. 목표는 우리에게 실천할 힘을 준다. 하고 싶다는 마음을 가
지고 그 마음을 구체적으로 그려보아야 현실이 된다.

2018년 테니스 메이저 대회인 호주오픈 대회에서 누구도 예상하지 못했던 이변이 일어났다. 정현 선수가 세계 4강의 성적을 거두었다. 호주오픈 대회 역사상 아시아 선수로는 86년 만에 남자 단식 4강에 오른 대기록이다. 당시 누구도 예상하지 못했던 결과라 사람들은 열광했고, 그의 승전 소식은 연일 기사를 장식했다.

정현 선수의 가족은 아버지는 테니스 감독이고 형은 테니스 선수로 활동하는 테니스 가족이다. 그의 아버지는 한 인터뷰에서, 한국인으로서 아들의 승리가 자랑스럽다며 어린 시절 아들의 꿈에 관해 이야기했다. 테니스를 시작한 어린 시절부터 아버지의 꿈은 국가 대표였는데, 정현의 꿈은 메이저 대회 우승이었다는 것이다. 세계 무대에서의 4강은 어린 시절 꿈의 크기에서부터 갈렸음을 짐작할 수 있는 대목이다.

부자가 같은 길을 걸었지만, 서로 꿈의 크기가 달랐다. 꿈은 목표를 설정하고, 그 목표는 구체적인 실천 목록을 만들어낸다. 목표가 다르니 결과를 향한 계획과 노력의 정도가 다를 수밖에 없다. 꿈을 크게 가져야 하는 이유이다.

이룰 수 없는 꿈을 가진다고 누군가 당신을 우습게 볼까 두려워할 필요가 있을까? 초등학생 시절 정현이 가진 메이저 대회 우승이라는 꿈을 귀담아들었던 사람이 과연 몇이나 될까? 밴쿠버 올림픽 금메달을 따는 것이 꿈이라는 김연아의 꿈이 현실이 될 것이라 믿었던 사람이 과연 몇이나 될까? 새롭게 시작하고 싶다면 지금도 늦지 않았다. 일단 꿈을 크게 가져보자. 그 꿈을 향한 구체적인 목표를 설정해보고 실천 목록들을 가져본다면 당신이 가진 꿈과 비슷한 수준의 현실이 당신 앞에 그려질 것이다.

♣ 꿈을 크게 가져 본다면

당신의 꿈이 무엇인지 떠올려보았는가? 현실적이지 않다고 스스로 자기 자신을 과소평가하지 않길 바란다. 현실에서 이루어지지 않았으니 꿈이다. 이루어졌다면 더는 꿈이 아니고, 이루어질 수 있는 것이라면 일정이지 희망이 아니다. 지금은 이루어질 수 없을 것 같지만 언젠 가는 현실로 다가오기를 간절히 바라는 것이 꿈이다. 당신의 인생에 한 계를 설정하여 스스로 자기 자신을 무능한 사람으로 평가하지 말자. 당 신에게는 아직 발견되지 않은 능력이 있다.

몸 길이 2mm 정도인 벼룩은 한 번 뛰어오르면 높이가 20cm~35cm 를 뛰어오른다. 자신의 몸에 비해 100배 이상 높이로 뛰어오를 수 있는 능력을 타고났다. 벼룩의 높이 뛰기 능력은 어떤 환경을 조성하느냐에 따라 최고치로 발휘되기도 하고 능력을 상실하기도 한다. 한 생물학자 가 흥미로운 실험을 했다. 벼룩을 병에 담아 두고 뚜껑을 닫은 것이다. 뚜껑의 높이까지 뛸 수 있는 한계를 설정했다. 어느 정도 시간이 지나 학자는 병뚜껑을 열었다. 벼룩의 타고난 능력이라면 병을 뛰어넘을 수 있겠지만 결과는 달랐다. 닫힌 병 안에서 벼룩이 뛸 수 있는 최대 높이 는 병뚜껑의 높이까지에 불과했다. 그 이상의 목표 없이 자신의 한계를 정한 탓에 벼룩은 타고난 능력을 상실했다.

당신에게도 일어날 수 있는 일이다. 스스로 한계를 결정하고 낮은 목표를 설정한다면 그 이상의 결과를 기대할 수 없다. 어디까지 뛸 수 있을지는 당신이 정한 목표로 결정된다. 때로는 과도한 목표 설정으로 꿈에 다가가지 못할 수도 있다. 그래도 꿈을 크게 가졌다면 당신이 그렸던 꿈 근처에 있을 것이다.

꿈이 결정되었다면 숨겨진 당신의 능력이 발휘될 수 있도록 응원하고 격려하자. 그것이 당신이 꿈을 이루기 위해 할 수 있는 최고의 방법이다. 어쩌면 당신의 꿈을 방해하는 최고의 방해꾼은 한계를 정하는 당신일 수 있다. 자신의 능력에 한계를 정하지 말고 시도해보자.

♣ 목표를 설정하라

당신이 그린 꿈은 어떠한 상황에서도 흔들리지 않고 어떠한 사람으로 살아가야 한다는 정체성을 가지게 한다. 이제 꿈을 향한 목표를 설정해보자. 목표는 당신의 인생을 당신의 꿈에 다가가도록 안내하는 나침판과 같다.

미래를 향한 꿈을 가지는 데 어려움을 호소하는 사람들이 있다. 지금의 삶이 나쁘지 않은데 굳이 꿈을 그려볼 필요가 있겠는가? 열심히 살지 않아도 충분히 행복한데 목표라는 것이 과연 필요한가 하는 의문을 가지는 분들도 있다. 꿈이 없는 사람들의 공통점은 5년 뒤 자신의 모습에 큰 기대를 하고 있지 않다는 것이다.

확실한 건 당신에게 꿈이 없다면 5년 후 지금과 같은 삶조차 기대하기 어렵다는 것이다. 주어진 환경에서 하루하루 열심히 살아가는 것이 최선이라 생각할 수도 있다. 하지만 지금과 같은 삶을 유지하는 것이 기준이라면 앞으로 나아지기를 기대할 수 없다. 직장에서 당신이 몇 년이 지나도 대리처럼 일하고 있다면 승진의 기회는 멀어진다. 대리에서 과장으로 승진하는 시점은 과장의 업무 능력이 발휘되었을 때의 일이다. 대리처럼 일하는 당신이 과장의 업무 능력을 발휘할 수는 없다. 당신의 목표가 지금처럼 열심히 살아가는 것이라면 스스로 대리라는 한계를 설정한 것이다. 지금처럼이라는 현상 유지가 아닌 미래를 그려보자. 당신은 미래에 어떤 삶을 살기를 기대하는가? 지금의 꿈이 미래의 현실이 된다.

당신의 미래를 주어진 환경과 운명에 맡기는 방관자가 아닌 주도권을 가져보자. 우선 자신을 사랑하는 마음을 가져보자. 자신을 사랑하면 미래를 그리게 된다. 사랑하는 사람이 생겼을 때를 떠올려보자. '이번 주말에 함께 무엇을 할까?'라는 물음에서 시작한 미래의 계획이 '1년 후에는?', '5년 후에는?' 함께 무엇을 할지 상상하게 된다. 자신을 사랑하는 사람들의 모습도 다르지 않다. 1년 후에는 무엇을 할지, 5년 후에는 무엇을 할지 자신의 미래를 그려본다.

꿈이 없던 시절이 있었다. 미래에는 어떤 삶을 살아도 지금보다 나은 삶을 살아갈 것이라는 막연한 생각만 있었다. 자신을 사랑하지 않았던 시절이었다. 스스로 자기 자신을 사랑한 시점과 꿈을 가진 시점은 거의 비슷했다. 어쩌면 5년 후에 지금과는 다른 멋진 삶을 살아갈 것이라는 기대를 하기 시작했다. 그러한 기대는 희망으로 이어지고 구체적인 목표들을 나열하기 시작했다. 30대에 작성했던 구체적인 목표의 목록들은 신기하게도 거의 현실이 되었다. 일상에서 목표를 달성하겠다고 기억했기 때문이다. 목표를 의식하지 않거나 기억하지 못했다면 구체적인 목표들은 이루어지지 않았을 것이다. 라디오 디제이가 되는 것과 수필집 출간 등 아직 이루어지지 않는 일들도 있지만, 언젠가는 현실로 이루어질 것이라 믿고 있다.

당신의 미래는 어떠한 모습인지 꿈을 가지고 그려보자. 매년 실천할 구체적인 계획을 작성하여 당신 인생의 주도권을 가져보자. 환경에 끌려가며 크게 실수하는 일 없이 살아가려는 사람과 자신이 잘할 수 있도록 계획하며 주도하는 사람. 이들의 삶의 태도는 다르다. 스스로 한계를 설정하지 말자. 그러면 미래는 당신이 그리던 꿈의 방향으로 돌려져 있고 현실이 된다. 인생 최대의 투자는 꿈에 투자하는 것이다.

지난 10년 동안 인생 목표

시작을 위한 준비	사업 시작	환경 만들기	교육컨설팅 업체로 성장하기	브랜드 가치 향상	매출향상
2011년 목표	2012년	2013	2014	2015	2016

컨텐츠 향상	위주교육 컨설팅 활성	자기개발과 성장	새로움	도전의 결실	가슴뛰는 일상
2017	2018	2019	2020	2021	2022년

10년 동안 관리해온 인생 목표

매년 목표를 설정하고 성취한 것은 진한 색, 중요하지 않아 목표에서 제외된 것은 옅은 색으로 표시하여 관리하고 있음.

2

장점은 활용하고 단점은 관리하라

서시는 왕소군, 초선, 양귀비와 함께 중국 4대 미녀이다. 그녀의 미모가 얼마나 빼어나던지 시냇가에서 빨래하고 있자면 물고기가 그녀를 넋을 잃고 바라보다 가라앉는다고 하는 이야기도 전해진다. 평소 가슴앓이를 하던 서시는 눈살을 자주 찌푸렸는데 그 모습도 아름다웠다.

사람들은 서시처럼 행동하면 자신도 아름다워 보일 거라는 생각에 서시를 따라 했는데 하루는 마을의 추녀가 눈살을 찌푸리며 다녔다. 사람들은 추녀의 일그러진 얼굴을 보고 등을 돌려 도망쳤다. 여기서 유래된 말이 서시빈목(西施嚬目)이다. 사람들이 추녀의 행동에 등을 돌린 이유가 미인이 아니어서일까? 꼭 그렇지만은 않다. 맹목적으로 서시를 따라 한 탓에 자신의 단점이 더욱 부각되었기 때문이다. 상대와의 차이를 인정하지 않은 모방이 어울리지 않았으니 당연한 결과이다.

전 세계 당신과 같은 지문을 가지고 있는 사람이 있을까? 누구도 당신과 같은 사람은 없다. 당신만의 장점도 있고 당신만의 단점도 있다. 자기 분석 없이 타인을 따라 한다면 당신도 추녀와 같은 실수를 할 수 있다. 새롭게 시작하고 싶다면 당신에게 맞는 방식을 찾아야 한다. 당신만의 장점을 알고 있는가? 당신만의 단점을 알고 있는가? 장점은 계발하고 단점은 관리하자. 자신의 장점을 모르고 좋아 보이는 타인을 따라 한다면 모방꾼이 된다.

♣ 자신의 장점을 모르고 따라 하면 모방꾼이 된다

처음 강의를 시작했을 때 주변의 많은 분이 걱정했다. 나의 성격이 일반적으로 생각하는 기업 강사의 조건인 언변 좋고 사교적인 성향과는 반대였기 때문이다. 내성적이고 신중한 성격에 말투조차 딱딱했다. 아카데미에서 강사 과정을 수강하는 동안 경직된 말투에 대해 늘 지적받았다. 차분한 성격에 재치 있는 유머라고는 찾아볼 수 없으니 강사로서 재능이 없는 건 아닌지 걱정도 되었다.

단점을 극복하고자 재미있게 강의하는 강사들의 장점을 모방했다. 그때는 그렇게 해야 강사가 되는 것이라고 믿었다. 선배 강사들의 말투 표정들을 따라 하며 그들과 비슷해지려고 하면 할수록 불편했고 어색했다. 사이즈가 맞지 않는 남의 옷을 입은 것 같은 불편함은 이루 말할 수 없었다. 내성적인 성격을 바꾼다고 레크레이션 학원에도 다녀보았지만 별다른 변화는 느끼지 못했다. 성향과 다른 모습으로 행동하려니 더욱 위축되고 자신감도 바닥으로 떨어졌다.

방법을 바꿔보았다. 단점인 내성적인 성향을 바꾸려 하지 않고, 장점인 논리성을 활용하기 시작했다. 재미있고 맛깔스럽게 말하기는 어렵지만, 논리적인 이야기는 잘할 수 있었다. 잘할 수 있는 방법을 동원해 내용을 구성하여 강의를 시작했다.

결과적으로 다른 강사들을 모방하며 강의를 했을 때보다 교육생의 집중도도 높았고, 스스로도 힘들지 않게 강의를 할 수 있었다. 이러한 과정을 거치면서 누구에게나 장점은 있고, 그 장점을 활용해야 한다는 확신이 들었다. 단점보다는 장점에 집중하면 더 높은 성과의 결과를 얻을 수 있다. 자신의 장점을 모르면 누군가를 모방하며 비슷해지려고 노력하게 된다. 당신에게 없는 능력을 키우기 위해 많은 시간과 노력을 들여야 한다. 하지만 당신의 장점을 키운다면 달라진다. 적은 노력으로 큰 성과를 얻을 수 있다.

장점이란 남보다 우수하거나 뛰어난 실력을 보이는 것을 뜻하며, 누구나 긍정적인 장점을 갖고 있다. 성격으로 나타나는 성격적 장점도 있고, 재능으로 나타나는 재능적 장점도 있다. "인생에 있어 가장 큰 비극은 나에게 천재적인 재능이 없다는 것이 아니라, 당신이 소유하고 있는 장점을 제대로 활용하지 못한다는 데 있다."라는 벤저민 플랭클린의 말처럼 자신의 장점과 재능이 발휘되는 일에 몰두했을 때, 더 탁월한 수준의 결과물이 도출되는 효율성이 발휘된다.

당신의 장점을 알고 있는가? 자신의 장점이 무엇이고, 단점은 무엇인가? 이 질문에 머뭇거림 없이 선뜻 대답할 수 있는 사람은 드물다. 자신의 장단점을 안다면 하고자 하는 일과 할 수 있는 일들이 더욱더 명확해진다.

당신의 장점을 알지 못한다면 당신은 모방꾼이 될 수 있다. 아직 당신의 장점을 찾지 못했다면 다음의 질문에 답을 찾아보자. 어린 시절부터 유독 재미있게 집중했던 놀이가 있는가? 살면서 당신이 가장 집중해서 몰입할 수 있는 일이 있는가? 그렇다면 그것이 당신의 장점일 수 있다. 잘하는 일을 하면 재미있고 몰입하기 때문이다. 지금 당신의 장점을 알았다면 성공에 다가갈 준비가 되어 있다. 당신의 장점을 활용하여 일을 시도하고 문제를 해결해보자. 더 빠르게 성취할 것이다.

♣ 장점은 활용하고, 단점은 관리한다

그렇다면 단점은 돌보지 않고 방치하면 될까? 그렇지 않다. 장점은 활용하고, 단점은 관리하는 것이 좋다. 자신의 단점을 알고 관리한다면 실패를 최소화할 수 있기 때문이다.

회사에서 급여 관리를 하는 정남 씨는 급여일이 다가오면 늘 초조하다. 입사 2년 차가 되는 경력에 늘 하던 업무인데도 숫자를 잘못 입력하는 등의 실수가 종종 있다. 팀장님에게 오타에 대한 지적을 늘 듣지만, 보고 전 여러 번 검수해도 정남 씨에게는 실수가 발견되지 않는다. 이 정도면 완벽하다고 생각하고 팀장님께 보고하고 나서야 발견되는 실수들로 인해 정남 씨는 늘 긴장한다.

정남 씨의 사례에서와 같이 늘 반복된 실수를 하고 있다는 것은 본인이 실수할 수 있다는 것을 받아들이지 않고 행동하기 때문이다. 익숙한 일일지라도 누구든 실수할 수 있다. 정남 씨와 같이 반복된 실수를 거듭하고 있다면, 나도 실수할 수 있다는 생각으로 자신의 실수를 찾아내는 마음으로 일을 접해야 한다.

직장에서 같은 실수를 반복한다는 것은 회사에서의 당신의 입지가 점점 좁아질 수 있음을 의미한다는 것을 잊지 말아야겠다. 실수는 할 수 있지만 같은 실수를 반복한다면 이것은 실수가 아니라 무능이다. 당신의 장점만을 들여다보고 실수나 단점을 들여다보지 않는다면 실수는 반복되고 완벽한 결과물을 만들어내지 못하게 된다.

당신의 단점을 돌아보고 실수를 줄일 수 있는 인생의 지침을 만들어 갈 필요가 있다. 당신이 실수할 수 있다는 것을 받아들이고, 어떠한 부분에서 실수할 수 있는지 생각해보자. 자신의 장점을 알면 도전에 성공하고, 자신의 단점을 알면 실패를 예방할 수 있다. 단점 없는 사람이 어디 있겠는가? 누구나 실수할 수 있다. 하지만 같은 실수를 반복하고 있다면 오늘도 당신이 실수할 수 있다는 것을 의식하고 당신의 실수를 찾아보자. 당신의 실수를 관리할 수 있다면 당신에게 성공은 더욱 가까이 다가온다.

Clover Tip

타인에게 피드백 하는 요령

1. 인정의 말을 먼저 한다.

2. 개선해야 할 사실을 구체적으로 이야기한다.

3. 미래의 긍정적인 방향을 제시한다.

https://youtu.be/l8etbxrPJbo

3

될 때까지 하면, 결국 된다

연초에 운동을 올해의 목표로 삼고 피트니스 센터에 등록을 했다. 할인 기간이라 그런가? 센터는 늘 사람들이 많았다. 특히나 저녁 시간대에는 러닝머신 자리도 나지 않았다. 이건 좀 심하다 싶을 정도여서 참다못해 사장님을 찾아갔다.

"사장님, 너무 많은 인원을 받으신 거 아니에요? 운동할 공간이 없어요."

"아, 지금 사람들이 좀 많죠. 한 2주 지나면 지금보다 한가해질 거예요!"

"그럼 2주 동안이나 이렇게 좁은 공간에서 운동해야 해요?"

"1주만 지나도 지금보다는 사람이 없어요. 지금 연초라서 운동을 목
표로 삼은 사람들이 많이 와서 그래요. 조금 지나면 안 나오는 사람들
생겨요."

일주일이 지났고 같은 시간대 운동하는 사람들은 줄었다. 사장님은
운동을 목표를 잊어버리는 사람들의 심리를 알고 중간에 이탈하는 사
람들까지 생각하고 인원을 받았던 것이다. 운동을 시작할 때는 미래의
건강을 기대하며 시작하지만, 회원 등록했을 때의 마음을 끝까지 유지
하는 사람은 별로 없다.

당신이 지금과는 다른 모습으로 성장하고 싶다면 꾸준한 연습량이 필
요하다. 대부분 성공한 사람들의 특징은 꾸준함에 있다. 미국의 클린턴
대통령은 임기 중 아무리 바빠도 하루에 독서 시간만큼은 할애했다. 하
루 중 20분을 독서를 한다고 가정한다면, 20분은 짧은 시간이지만 일
년이 모이면 121시간이 된다. 매년 이렇게 축적된 시간이 당신을 남과

다른 성공으로 안내한다. 당신의 꾸준함이 경쟁력을 만든다. 어제와 다른 오늘을 만들고 싶다면 오늘은 어제와 다른 노력이 있어야 가능하다. 고작 3일짜리 작심으로 당신은 어제와 달라질 수 없다. 3일이면 끝나는 다짐의 시간은 당신에게 도움이 되지 않는다. 목표를 세웠다면 지속해서 노력해야 한다.

♣ 천재도 하루아침에 만들어지지 않는다

연초에 운동을 목표로 센터에 나왔던 그 많은 사람은 왜 운동을 지속하지 못하는 것일까? 첫 번째는 운동 결과가 바로 눈에 보이지 않아 좌절감을 느껴서일 수 있다. 두 번째는 간절히 원하는 목표가 아닌 것이 이유일 수 있다.

운동은 바로 결과물이 나오지 않는다. 운동을 시작할 때는 일주일이면 달라진 체중을 기대하고 한 달이면 다이어트에 성공하는 상상을 하지만 그렇게 빠르게 결과가 나타나지 않는다. 오랜 시간 반복된 노력이 있어야 결실이 드러난다. 일상의 일들은 결과가 빠르게 드러나는 일도 있지만 오랜 시간을 공들여야 결과가 드러나는 일들도 있다. 대개 이런 일들은 어렵지만 중요한 일들이다. 중요한 일에 시간을 들이지 않는다면 당신은 지금의 수준에 머물러 있어야 한다. 결과는 공들인 시간과 노력에 비례한다.

노력의 시간은 천재에게도 예외 없이 적용된다. 일정 기간이 지나서야 천재성이 드러난다. 모차르트의 어린 시절 작곡 실력은 또래 아이들보다 잘하지만, 아버지의 피드백이 없었다면, 천재적 수준의 작곡이라고 불리기는 어려운 수준이었다. 아버지의 지도를 받고 어느 정도의 시간이 지나서야 천재성이 제대로 발휘되었다.

결과가 빠르게 보이는 것들은 누구나 시도해보면 쉽게 결과물을 얻을 수 있는 일이다. 중요하지만 꾸준함이 필요한 일은 일부의 사람들만 결과물을 얻을 수 있다. 진짜 승부는 여기에서 결정된다. 쉽게 결과를 얻을 수 있는 일만 한다면 많은 것을 해내겠지만 현재의 일에만 집중하게 된다. 중요하지만 시간이 걸리는 일은 미래를 준비하는 일이다. 현재만 집중하는 사람과 미래를 준비하는 사람. 지금은 차이가 없어 보이지만 5년 후 당신만의 경쟁력이 된다. 지금 성과가 보이지 않는 중요한 일에 꾸준함을 더해보자. 5년 후 눈부시게 성장한 당신을 만날 수 있다.

♣ 꾸준히 지속하기 어렵다면 규칙을 만들어라

당신만의 전문성을 만들고자 하는 분야가 있다면 꾸준히 지속할 수 있는 시간을 만들어야 한다. 남는 시간에 하겠다는 생각은 하지 말아라. 하루를 보내면서 남는 시간은 없을 것이다. 남는 시간을 활용하는 것이 아니라 시간을 만들어 규칙을 정하고 행하는 것이 좋다. 만약 당신이 자기 계발을 위해 독서를 해야 하겠다고 마음먹고 남는 시간에 독서를 한다면 지키기 어렵다. 오히려 아침 기상 후 가장 먼저 20분 동안 독서를 하면 지속성을 유지할 수 있다.

자신만의 규칙을 만들어 실천하자. 주변분들이 자주 하는 질문 중의 하나가 강의도 바쁠 텐데 언제 글도 쓰고 유튜브와 독서를 하는지, 시간을 어떻게 활용하는가 하는 것이다. 강의 준비를 하는 것은 지금을 위해 꼭 필요한 활동이므로 하루 중 대부분 시간을 할애한다. 글쓰기와 유튜브 독서는 지금 당장 하지 않아도 되는 일이지만 업무를 하는 데 있어 중요한 부분이다. 홍보되어야 강의가 들어오고 꾸준히 독서와 글쓰기를 해야 강의가 업데이트되기 때문이다. 방법은 규칙을 만들어 지속하는 것이다. 독서는 매일 잠들기 전 20분, 유튜브는 주 1회, 글쓰기는 아침 시간을 활용하여 지속하고 있다. 많은 시간을 들이지 않고 행할 수 있기에 하루 업무에 지장이 없다. 당신만의 작은 규칙을 만들어보자. 그 규칙을 반복하다 보면 어느새 습관이 되고 이런 습관은 당신을 성공으로 이끄는 힘이 될 것이다.

♣ 규칙을 만들어도 지속되지 않는다면

규칙을 만들었지만 그래도 지속해서 지켜지지 않는 일들이 있다. 그렇다면 그 일은 당신에게 중요한 일이 아니다. 말로는 운동해야 한다, 건강을 위해 올해는 꼭 운동하겠다며 결심을 하고 나름대로 시간을 정해두고 했음에도 일주일 이상 지속하지 않는다면 당신의 의지를 탓할 것인가? "나는 의지가 없어, 나는 부족한 사람이야!"를 한탄하기 전에 그 목표가 당신이 진정으로 원하는 목표인지를 생각해보자. 어쩌면 운동은 당신이 중요하게 생각하는 일이 아닐 수 있다. 당신에게 중요한 일이 아니라는 결론이 내려졌다면 과감히 내려놓아라. 중요하지 않은 일에 당신의 신경을 집중할 필요는 없다. 당신 자신도 스스로 중요하지 않다고 생각하는 일을 하면서 자신을 자책하느니 과감하게 포기하는 편이 정신건강에도 좋다.

만약 중요한 일이지만 지속하기 어렵다면 이건 시작의 중요성을 부여하지 못했기 때문이다. 한마디로 위기감이 없는 것이다. 많은 흡연자가 담배를 끊는 것을 다짐하지만 다음으로 미룬다. 건강을 위해 담배를 끊는 것은 중요한 문제이고 필요한 일이라는 것도 알고 있지만, 금연이 지속해서 유지되지는 않는다.

"꼭 지금 금연을 해야 해? 지금까지 별일 없었잖아."라고 하며 지금 바로 시작해야 할 중요성을 확신하지 못하고 미루게 된다. 그렇다면 이 일이 당신에게 얼마나 중요한 일인지를 자기 자신에게 확신하게 하도록 한다. 이 일로 인해 당신에게 다가올 수 있는 위험 요인이 있음을 떠올려보자.

하루를 미룬다면 당신에게 위험한 미래는 더 빨리 찾아올 수 있다. 지금까지 별일이 없었기 때문에 앞으로는 별일이 생길 수 있음을 생각하고 준비해야 한다. 미래를 준비하는 시간을 갖는다는 건 성공에 투자하는 일이다. 5년 뒤에 있을 당신의 성공을 후원하는 든든한 투자자는 당신이다.

4
내게 도움이 되는 공감을 하라

저녁 뉴스에 어린이집 교사의 아동 학대 사건이 보도되었다. 교사는 아이가 낮잠을 자지 않는다는 이유로 물건 대하듯 아이를 함부로 밀친다. 어린이집에는 그러한 교사의 행동을 저지하는 사람이 아무도 없다. 교사들의 행동을 보고 있자면 가족에게 일어난 일처럼 화가 난다. 아직 말도 못 하는 아이에게 어떻게 저런 행동을 할 수가 있지? 도저히 이해할 수 없는 지경이다.

아이가 안쓰럽다. 말은 못 하지만 아이는 지금의 기억을 어쩌면 오랫 동안 간직할지도 모른다. 부모의 마음도 헤아려진다. 아이가 겪는 고통이 부모에게는 더 큰 고통이다. 왜 진작 이 사실을 알지 못했을까? 자책도 할 것이다. 나와 직접 연관 있는 사람들의 이야기는 아니지만, 부모의 입장이 되어 보니 가깝게 느껴진다. 내 마음은 어느새 아이의 심정을 동정한다. 그리고 엄마의 입장에서 공감하고 있었다.

우리는 이렇게 자신과 비슷한 처지에서 겪을 수 있을 법한 사건에 감정을 이입한다. 때로는 동정하기도 하고, 때로는 공감한다. 동정과 공감이 비슷하게 혼용되기도 한다. 학대받은 아이를 동정하기도 하고 공감도 한다. 동정은 타인이 처한 상황을 딱하고 가엽게 여기는 마음이다. 공감은 타인의 감정에 대해 자신도 같은 감정으로 느끼는 것이다. 동정의 마음을 느끼면 행동으로 이어진다. 아이들은 안쓰럽게 여기는 동정의 마음들이 모여 해당 교사의 강한 처벌을 호소한다. 공감에 동정이 더해져서 재발 방지를 위한 후속 조치에 적극적으로 관심을 보이게 된다. 보통 동정의 감정은 부정적으로 생각하지만 어떻게 사용하느냐에 따라 다르다.

자신에 대한 감정도 마찬가지다. 공감도 하지만 동정도 한다. 자신에게 공감하면 마음의 위안을 받는다. 차분한 마음을 유지할 수 있다. 본인이 생각해도 자신이 한없이 가엽게 느껴지는 동정의 마음이 생기면 어떨까? 스스로 자기 자신을 위로하기 위해 행동한다.

자기 동정은 때에 따라 위험한 감정이 되기도 한다. 한없이 가여운 자신을 남들도 그렇게 생각할 것이라는 착각을 하게 되는 경우가 그렇다. 타인이 당신을 동정하고 도움을 주는 그것이 당연하다고 생각하는 것은 자신에게 도움이 되지 않는다. 자기 자신을 잠시 안쓰럽게 여길 수는 있지만, 그 감정이 일상적인 감정이어서는 안 된다. 자기 동정으로 현실을 제대로 바라보는 시각을 잃는다면 그것이야말로 동정받을 일이다.

♣ 자기 공감은 하되 자기 동정은 말자

어린 시절, 어머니 주변에는 늘 도와주겠다는 사람들이 많았다. 친척들보다도 더 살갑게 다가와 우리를 챙겨주시는 분들이었다. 처음에는 잘 모르는 사람들의 도움이 익숙하지 않았지만, 상황이 자주 반복되자 언제부터인가 잘해주는 어른들의 행동이 패턴처럼 읽혔다. 그들은 어머니 주변에서 투자를 부추겼고, 그런 사람들이 싫었다. 늘 결과는 그동안 모은 돈을 잃었다는 어머니의 한탄이 있었으니까. 우리 가족은 그렇게 다시 시작하고, 또다시 시작했다.

"엄마, 사람들 너무 믿지 마세요. 갑자기 잘해주는 사람들은 이상하다고 생각해보세요."

이렇게 말을 건네보았지만, 어머니는 사람들을 너무도 잘 믿으셨다. 이유는 간단했다. 어머니 혼자 자식 셋을 키우니 누가 봐도 동정심이 생길 거라는 것이다. 그러니 도움을 주는 사람이 생기는 것은 당연하다고 믿으셨다. 그리고 그 도움을 당연하게 받으셨다. 어머니의 그 믿음은 늘 빗나갔고 그렇게 우리 생활은 나아지지 않았다.

그때 알았다. 스스로 자기 자신을 동정하는 마음이 얼마나 위험한 마음인지 말이다. 자신을 동정하는 마음이 깊다 보면 현실을 자기중심적 시각으로 바라볼 수 있다는 것도 알았다. 어머니 덕분에 자신을 동정하지 않는다. 모든 일은 자신의 선택과 결과이니 실패든 성공이든 공감은 하되 동정은 하지 않는다.

시각, 청력을 잃은 장애인으로 살면서 평생을 장애인의 인권을 위해 노력한 헬렌 켈러. 그녀의 앞에 붙은 최초의 수식어들은 많은 이들에게 절망 속에서도 희망이 있음을 증명하고 있다. 헬렌 켈러는 "자기 연민은 최대의 적이다."라고 이야기했다. 자신을 안쓰럽게 여기다 보면 어떤 일도 현명하게 할 수 없다고 그녀는 이야기한다. 자기 동정은 자기 자신을 이기적인 마음으로 이끈다. 자신을 동정하지 말자. 그리고 타인의 동정을 당연하게 받아들이지 말자. 자신에 대한 동정심을 느꼈다면 자기 자신을 위로하는 공감을 시도해보자. 되도록 자신에게 도움이 되는 위로의 공감을 시도하는 것이 진정 당신을 위한 행동이다.

♣ 자신에게 도움이 되는 공감을 하자

직장생활을 하다 보면 자신이 안쓰럽게 여겨지는 일들이 있다. 나름 곱게 자란 딸인데 고객의 험한 말을 듣고 있을 때도 있다. 집중해서 일한다고 했는데 업무 중에 실수하는 일이 많아 상사에게 부정적 피드백을 받은 날도 있다. 학창 시절 비슷한 성적의 친구였는데 유학 후 회사의 잘나가는 임원이 되었다는 소식을 전해 들어 자신과 비교될 때도 있다. 이럴 때면 기분이 우울해짐을 느낀다. 내가 생각해도 내가 안쓰럽다고 여겨지기도 한다. 가벼운 동정심이 생겨 오늘은 나를 위로하기로 했다. 어떻게 위로를 하겠는가?

이제껏 일만 하며 고생한 당신에게 명품 가방을 사주는 보상으로 위로할 수도 있다. 상사에게 받은 스트레스를 해소하기 위해 친구들을 불러 거하게 술을 사며 위로할 수도 있다. 어떤 행동이든 익숙한 방법으로 자신을 위로하는 행동을 할 것이다. 그 행동이 당신에게 도움이 되는 행동일 수도 있고 반대의 경우도 있을 수 있다.

자신을 위로하는 마음에 계획에 없던 명품 가방을 샀는데, 이런 일이 자주 있어 카드값에 허덕인다. 그렇다면 이건 당신을 위로하는 행동이 아니다. 친구들과 술을 마시며 스트레스를 날려버리고 충분히 위로를 받았다. 그리고 다음 날 과음으로 인해 지각하고 숙취가 해소되지 않아 업무에 집중할 수 없었다. 상사에게 다시 부정적 피드백을 받았고 스트레스를 받았다. 그렇다면 이건 긍정적인 자기 위로의 방법이 아니다.

위로가 아닌 안타까운 상황을 반복하는 괴로움이다.

오늘 하루를 힘들게 보낸 당신을 달래주고 싶다면, 오늘도 열심히 하루를 보냈으니 상을 내려주고 싶다면, 기억해라. 당신에게 도움이 되는 보상이어야 한다는 것을. 당신의 평소 생활 리듬을 방해하지 않고 활력을 주어야 진짜 보상이다. 오늘 하루 힘들었고 안쓰럽게 여겨지는 당신에게 '수고했어.'라는 말을 건넬 수도 있다. 들으면 힘이 나는 말이 있다. 들으면 기분이 좋아지는 말이 있다. 그 말을 자신에게 건네 보는 것도 방법이다. '네가 최고야.', '언제나 너를 응원할게.'라고 자신을 위한 선물을 할 수도 있다. 지치지 않도록 자기 자신에게 공감하자. 자신에게 활력을 주는 긍정적인 보상을 하자. 그렇다면 내일이 기대되는 하루를 보낼 것이다.

Clover Tip

마음챙김으로 일상에서 스트레스를 해소하는 방법

1. 자신을 공감한다.

2. 스트레스를 받았던 순간을 떠올려 보고 적어본다.

3. 내가 아닌 다른 사람이 이 상황을 맞이해도 이런 일이 있을 수 있 었을 것이라고 생각하며 자신을 위로한다.

https://youtu.be/rVobfESg4T8

MAKE A FORTUNE

PART 05

가벼운 마음으로
시작하라

1

환경이 아니라 관점의 문제다

피아노를 배우고 싶었다. 특출난 음악 감각을 타고난 것은 아니지만 나는 음악을 좋아했고 내가 좋아하는 곡을 연주하고 싶었다. 마음은 간절했지만, 피아노 앞에 앉을 기회는 고모 댁에 놀러 갔을 때가 전부였다. 어른이 된 지금은 마음만 먹으면 배울 수 있지만, 관심사가 변했다. 다른 취미에 더 관심을 갖게 되면서 어릴 적 동경했던 피아노 연주에 대한 기대감은 아련해진다.

그때는 피아노를 배우지 못하는 현실이 싫었다. 주변에 나의 의지와 상관없이 주어진 환경이 마음에 들지 않았다. 살다 보면 내가 만드는 환경도 있지만, 나의 의지와는 상관없이 만들어지는 환경도 있다. 대한 민국 국민이라는 것, 부모님의 큰딸이라는 것, 여성이라는 것 등이다. 나의 의지와 상관없이 주어진 환경은 노력해도 달라지지 않는다.

선택권 없이 주어진 환경은 취향에 맞지 않는 옷을 교환하듯 교환할 수도 없다. 드라마의 주인공이 되어 엄청난 출생의 비밀을 가지고 살아 왔다면 또 모르겠다. 대부분 출생의 비밀이 없는 이들에게 지금의 현실 은 받아들여야 한다.

주어진 환경이 마음에 들지 않았던 이유는 행복감에 있었다. 피아노 를 배우는 친구들은 행복해 보이고, 상대적으로 배우지 못하는 나는 불 행하게 여겨졌다. 피아노를 배우지 못한다는 사실이 불행하게 만드는 것일까? 초점을 바꾸어보자. 자신이 바라보는 세상의 렌즈 초점을 어떻 게 맞추느냐에 따라 생각이 달라지고 결과도 달라진다.

♣ 초점에 따라 달라지는 생각들

'당신은 지금 행복한 삶을 살고 있나요? 당신은 지난달 몇 번의 데이트를 했나요?' 누군가 이런 질문을 한다면 어떤 답변을 할 것인가. 당신의 답변에서 행복과 데이트 횟수의 연관성이 발견되는가? 대부분 어떠한 연관성도 발견하지 못했을 것이다. 실제 조사된 답변에서도 행복과 데이트 횟수와의 연관성은 없다.

하지만 질문의 순서를 바꾼다면 결과는 다르다. 사람들의 생각이 얼마나 서투를 수 있는지를 소개한 도서 『클루지』에서는 이를 초점 맞추기 착각이라 소개한다. 초점 맞추기 착각이란 사람들의 초점에 따라 생각이 달라진다는 것이다.

앞서 소개된 두 개의 질문은 초점이 각각의 질문에 맞춰 있어, 행복과 지난달 데이트 횟수를 연관하여 생각하지 않는다. 이번에는 앞선 질문의 순서를 바꾸어 질문해보았다. '당신은 지난달 몇 번의 데이트를 했나요?'라는 질문 뒤에 '당신은 지금 행복한 삶을 살고 있나요?'라는 질문을 한다. 같은 질문이지만 순서가 바뀌자 사람들은 질문의 초점을 데이트 낭만에 집중하기 시작한다. 데이트 횟수가 많다고 생각한 사람은 자신이 행복하다고 응답했다. 반면 데이트 횟수가 적은 사람은 자신이 행복하지 않다고 생각했다. 우리의 생각은 객관적이지 않고 공정하지도 않다. 상황에 따라 어디에 초점을 맞추고 바라보느냐에 따라 행복하기도 하고 불행하기도 하다.

개인의 초점에 의해 환경이 마음에 들 수도 있고, 마음에 들지 않을 수 있다. 주어진 환경이 마음에 들지 않는다면, 지금 세상을 바라보는 자신의 초점이 어떠한지를 확인해보자. 당신이 바라보는 초점에 오류가 없었는지, 초점이 맞지 않는다면 우리의 생각은 공정하지 않다. 어디에 초점을 맞추고 바라보느냐에 따라 생각과 감정도 달라진다.

♣ 환경의 좋고 나쁜 기준

남들 사는 정도의 중산층 정도의 삶이면 행복할 것으로 생각했다. 남들이 사는 정도란 어느 정도를 말하는 것인가? 중산층의 기준은 무엇인가? 우리나라의 중산층 기준은 소득과 연관 지어 생각하는 경향이 높다. 다수의 사람이 월 소득 500만 원 이상, 부채 없는 30평 이상 아파트와 중형차를 보유하면 중산층이라고 생각한다.

외국의 경우는 조금 다르다. 프랑스의 경우 다룰 수 있는 악기가 하나 있고, 남들과는 다른 요리를 만들 수 있으면 중산층이다. 약자를 도우며 봉사활동을 꾸준히 하는 경우를 중산층이라 생각한다. 영국은 페어 플레이를 하고, 자신의 주장과 신념을 가지고 있다면 중산층이라고 생각한다. 나라마다 중산층의 기준이 확연히 다르다는 것을 알 수 있다.

우리가 생각하는 중산층의 기준이 경제적인 요소이다 보니, 타인과 비교해 보았을 때 스스로 부족함을 느낀다. 더 많은 경제력을 지닌 사람과 비교하다 보면 자신이 얼마나 부유한지를 알지 못하고 지나치게 된다. 경제적 여유가 행복의 기준은 아니다. 남들 정도 살고 있다는 중산층은 어떤 기준으로 바라보느냐에 따라 얼마든지 달라질 수 있다.

♣ 높은 데만 바라보지 말고 가끔은 아래를 바라봐

초등학교 시절 연말이면 불우이웃을 돕기 위해 반 친구들이 모금 활동을 했다. 이렇게 모은 돈은 학급 회의를 통해 우리 반의 불우한 친구들에게 나누어 준다. 이즈음은 1년 중 가장 학교 가기 싫은 날이다. 몇몇 친구들이 불우이웃으로 내 이름을 말하기 때문이다. 이유는 아버지가 안 계셔서이다. 아버지가 안 계신다는 이유로 친구들은 모은 돈을 나에게 준다고 했다. 매번 끝까지 받지 않았다. 나는 불우이웃이 아니니 정말 힘든 사람들에게 주는 것이 맞다고 생각했다. 스스로 아니라고 생각해도 불우이웃으로 보는 타인의 시선이 싫었다. 아버지가 안 계신 모든 상황이 마음에 들지 않았다. 그러다 보니, 늘 고민이 많고 자주 아팠으며 우울했다.

어느 날, 힘들어하는 나에게 할머니께서 이런 말씀을 하셨다.

"사람은 높은 곳을 보면 힘들어지는 거야. 낮은 곳을 보며 살아야지. 더 낮은 데서 사는 사람들도 많아. 높게만 보면서 욕심을 부리지 말고 앞으로 낮은 데를 보면서 살아."

할머니의 말씀이 어떤 의도인지는 안다. 바꿀 수 없는 현실을 받아들이고 조금은 마음 편하게 살라는 말씀이셨다. 하지만 그때는 도저히 이해할 수 없는 말이었다. "높은 곳을 바라보고 꿈을 가지고 살라 하셔야지, 왜 낮은 데를 보라는 거야?"라며 할머니의 말씀에 동의하지 않았다. 지금은 할머니의 말씀이 맞기도 하고, 틀린 것이기도 하다고 정리했다.

우리는 원하든 원하지 않든 자신의 의지로 쉽게 바꿀 수 없는 환경과 마주하며 살고 있다. 바꿀 수 없는 환경이 마음에 들지 않는다고, 힘들어한다고 해서 환경이 바뀌지 않는다. 우리의 생각은 초점에 따라 달라진다. 스스로 마음에 들지 않는다고 생각하는 현실을 당신은 어떤 초점으로 바라보고 있는지 생각해보자.

환경으로 인해 불행하다면 기준을 바꾸어보는 것도 방법이다. 너도 나도 남들과 같은 기준으로 행복을 평가하지 말자. 너무 힘들다고 생각되면, 가끔은 아래를 내려다보며 위안을 얻을 수도 있다. 그리고 어떻게 하면, 자신이 원하는 환경의 삶을 살아갈 수 있을까 성공한 미래를 그려보는 것도 멋진 일이다. 환경이 마음에 들지 않는다고? 꼭 그런 것만은 아니다.

2

어려운 상황을 내 편으로 만들어라

억울한 감정에 사로잡혀 살았던 시절이 있었다. 20대 시절 집이 경매로 넘어갔다. 하루아침에 겨우 잠을 잘 수 있는 평수의 월세방으로 이사했다. 그러고도 남은 빚이 있었다. 가족 앞에 남겨진 그 빚을 청산하기 위해 10여 년의 세월을 쏟았다.

돈을 많이 벌어야 했다. 하고 싶은 일인지, 적성에 맞는지는 중요하지 않았다. 돈을 많이 벌 수 있는 일이면 나쁜 일이 아니면 해야만 했다. 그렇게 시작한 세일즈는 적성에 맞지 않는 일이었다. 성격이 내성적인 터라 새로운 사람과 말을 한다는 것 자체가 불편했다.

적성에 맞지 않는 일이라 생각할수록 일은 재미없었다. 자신과 어울리지 않는 재미없는 일을 해야만 한다는 현실에 탄식이 끊이지 않았다. 억울함도 있었다. 억울하다는 것은 자신이 하지 않은 일로 이유 없이 벌을 받게 되었을 때 느끼는 분한 감정을 뜻한다. 자신이 하지 않은 일로 받는 벌이니 겪지 않아도 되는 일을 경험하게 되는 상황이다. 자신의 잘못도 아니고, 책임의 의무도 없는 일에 고통스러운 경험을 한다는 건 달갑지 않다. 그러니 가슴 깊이 화가 올라왔다. 그 당시 늘 화난 사람처럼 행동했고, 화가 났다. 인생이 원하는 것과는 다른 방향으로 흘러가고 그 흐름을 막을 수 없다고만 생각했다. 자신을 위해 살아야겠다는 생각이 들다가도 가족의 생계를 무시할 수 없었고 그렇게 현재만을 위해 살았다.

20여 년이 지난 지금은 그 시절이 있어 다행이다. 적성에 맞지 않는 일을 하면서도 실적이 좋아 인정을 받았고 내성적인 성격은 점차 사교적인 것으로 변했다. 사람들 앞에서 말도 잘 못 했던 성격이었는데 강의를 할 수 있을 정도로 외향적 성격이 되었다. 일하며 워낙 힘든 기억이 많아서 웬만큼 힘든 일은 대수롭지 않게 넘길 정도로 단련되었다.

결국, 그때는 억울했지만, 지금은 아니다. 원치 않은 일을 했다고 생각했는데, 그 결과, 하고 싶은 일을 하게 되었다.

지금 억울하다고 여겨지는 일이 있다면, 그 일에 최선을 다해보자. 예를 들어 당신만 야근해서 속상하다면, 그 시간에 집중하자. 야근을 통해 당신은 회사 일을 남들보다 더 빨리 배우게 된다. 그러니 꼭 손해라고만은 볼 수 없다. 비 온 뒤에 땅이 굳는다는 말처럼, 힘든 일이 지나가면 기쁜 일이 다가온다. 지금에 최선을 다하다 보면 억울한 일이 오히려 기회가 될 수 있다.

♣ 힘든 순간이라면 지금이 기회다

애플의 창업주이자 창조의 아이콘인 스티브 잡스. 그는 시대를 상징하는 인물이다. 그가 세상에 내놓은 제품들은 혁신적이고 우리는 그로 인해 그전과는 다른 삶을 살고 있다. 손 안에 컴퓨터라는 혁신이 그의 창의적인 상상에서 시작되었다.

그에게도 시련은 있었는데 바로 자신이 창업한 회사인 애플에서 쫓겨나게 된다. 매킨토시 컴퓨터의 성공 이후 열정적으로 만든 리사 프로젝트는 실패했다. 그 결과, 회사에 막대한 피해를 주게 되었다. 주주들은 스티브 잡스의 일에 대한 고집과 자기중심적 성격을 운운하여 그 책임을 물었다.

애플에서 쫓겨난 스티브 잡스는 달라지기 시작했다. 독불장군의 모습에서 부하들을 배려하고 의견을 듣는 지도자가 되었다. 과거에는 자신이 원하는 방식의 컴퓨터를 만들었지만, 차츰 직원들의 의견을 듣기 시작했다. 조직을 운영하는 데 있어 팀워크의 중요성을 알게 되었다. 그렇게 회사를 떠난 스티브 잡스는 13년 만에 다시 애플의 경영자로 돌아왔고 그 후의 애플은 성공 가도를 달린다.

창업한 회사에서 쫓겨난 시간 동안 스티브 잡스는 자신에게 유리한 기회를 만들었다. 10여 년의 시간 동안 자신의 문제들을 고쳐가는 기회로 삼았다. 주어진 현실을 받아들이며 그가 할 수 있는 최선을 다했다. 넥스트컴퓨터와 픽사를 경영하면서 단점을 고치며 성장했다. 쫓겨난 사실은 억울할 수 있었지만, 오히려 기회가 되었다. 아마도 스티브 잡스가 애플에서 쫓겨나지 않았다면 지금의 애플이 있을 수 있을까 하는 생각도 하게 된다. 억울해하지 말자. 최선을 다하는 지금의 시간이 기회가 된다.

억울하다는 부정적인 감정에 집중하다 보면 당신이 직면하는 현실과 지금의 상황으로 몰아간 상대에게 분노하게 된다. 손해 보는 것 같지만, 꼭 손해는 아니다. 당신에게 이익이 되는 부분도 분명 있다. 손해가 아닌 이익에 집중해보자. 지금의 상황을 긍정으로 바라보는 옵티미스트가 되어보자.

♣ 옵티미스트가 된다는 건

상황을 긍정적으로 볼 수 있다면 억울 감정을 내려놓을 수 있다. 여기에 더해 상황을 내 편으로 만드는 기쁨을 누리고 싶다면 옵티미스트가 되자. 옵티미스트란 긍정 관점으로 어려운 상황이나 스트레스에 적극적으로 대처하고 해결하는 사람들이다.

직장인이라면 한 번쯤 자신의 실수는 아니지만, 기업을 대표하여 고객의 질책을 받는 경우가 있다. 가령, 직원이 알려준 방법으로 이동했지만 길을 잘못 들었다며 항의하는 고객을 응대하다 보면 여러 감정이 스쳐 간다.

"고객님, 제가 알려드린 것이 아니라 뭐라 말씀을 못 드리겠습니다." 라며 자신의 책임이 아닌 일을 더는 언급하기 싫다고 대처할 수도 있다. 긍정적인 직원이라면 '이 정도 일쯤은 감정 상하지 않게 받아들일 수 있지.' 생각하며 고객에게 공감할 수도 있다.

옵티미스트라면 어떻게 대처할까? 고객의 불만 사항을 받아들이고 비슷한 일이 발생되지 않도록 고객에게 더욱더 쉬운 방법으로 길을 안내하는 방법을 찾아볼 것이다.

긍정심리학의 권위자 바버라 프레드릭슨은 부정적 정서는 우리의 사고와 행동을 한정하고, 긍정적 정서는 우리의 사고와 행동을 확대한다고 주장한다. 상황을 부정적으로 받아들인다면, 그 감정은 사고와 행동을 한정한다. 고객의 항의를 들어주는 일에 스트레스를 받고 어떻게 하면 고객의 이야기를 멈출 수 있을까에 집중한다.

옵티미스트의 긍정적 정서는 사고와 행동을 확대한다. 고객의 문제를 적극적으로 해결할 방법들을 찾아보게 된다. 문제를 해결하는 태도로 상황을 주도하게 된다.

살다 보면 억울하다는 부정적 감정이 들 수도 있다. 손해에 집중하기보다 당신이 얻을 이익에 집중해보자. 잃는 게 있다면 얻는 것도 있다. 얻는 것이 있으니 속상해 말자. 부정적인 감정은 당신을 현재의 문제에만 집중하는 좁은 시각과 행동으로 이끈다. 당신의 사고와 행동을 확대할 수 있는 옵티미스트가 되자. 잘될 것이라는 무작정 긍정과 당신이 무엇을 해야 잘될 것인가로 확대하여 생각하자. 그러면 상황을 당신 편으로 만드는 기쁨을 누릴 수 있다.

Clover Tip

행복한 직장생활과 일상을 보내는 마법의 언어 감사 표현

1. 감사의 표현은 시기가 적절해야 한다.

2. 감사의 표현은 구체적으로 한다.

3. 상대방의 수고에 대해 감사한다.

https://youtu.be/VQ6qvnR7cjE

3

과거가 현재를 지배해선 안 된다

어머니와의 첫 해외여행은 태국으로 정했다. 오랜만에 친정 가족과 함께한 여행이라 기대가 컸다. 태국에서의 3일 동안 멋진 추억을 만들고 올 거라 기대했다. 그런데 막상 여행을 떠나니 상황은 달랐다. 어른이 되어서 어머니와 여러 날 함께 보낸 시간이 별로 없어서였을까? 태국에서 가족 간의 서운한 감정은 불쑥불쑥 떠올랐다. 그 감정으로 인한 다툼은 여행 내내 계속되었다.

"엄마, 화장실 다녀올게요. 여기는 화장실을 이용하는 데 비용이 있는데, 동전이 있나?"

"돈을 낸다고? 뭐 화장실을 그렇게까지 해서 다녀와. 좀 참았다가 식당 화장실을 이용해."

"엄만 늘 그러더라. 우리한테 쓰는 돈은 늘 아까워하고."

"내가 언제 그래?"

"늘 그랬지, 우리한테는 늘 아끼고, 주변 사람들에게만 잘해주고."

이상하게도 태국 여행을 다니는 동안 어머니와 함께하는 작은 사건들을 겪을 때마다 과거의 서운한 감정들이 떠올랐다. 이해하기 힘들었던 어머니의 모습이 지금의 모습인지 과거의 모습인지 혼란스러웠다. 어머니를 향한 과거의 부정적인 감정은 현재와 뒤섞였다. 과거의 어머니를 지금 마주하고 있는 것 같은 혼란스러움은 현실에서 차가운 태도로 표현되었다. 즐겁게 시간을 보내자고 하면서 어머니에게 차갑게 대하고 있었다.

"지난 일인데, 지금 와서 나에게 어떡하라고?"

"어떻게 하라는 것이 아니라 과거의 일들이 생각난단 말이에요."

이렇게 어머니와 다투며 여행을 했고, 다녀와서는 태국에서의 일들을 무척 후회했다. 뜻하지 않게 불쑥 올라오는 과거의 부정적 감정은 현재의 우리 삶에도 영향을 미친다. 잊고 싶은 감정인데도 잊히지 않는 감정이 있다. 다 잊은 감정이라고 생각했는데도 떠오르는 감정이 있다. 잊으려 하고, 지우려 하면 잊히지 않아 더 힘든 시간을 보내게 된다. 이럴 때는 그 감정들을 그냥 인정하고 받아들여보자. 받아들이면 오히려 그 시간이 담담하게 받아들여진다.

♣ 내 안의 나와 화해하는 시간을 가져보자

잊었으면 하지만 떠오르는 기억들이 있다. 이런 기억은 대부분 힘들었던 기억이거나 부끄러웠던 일들이다. 기억의 순간들을 거슬러 가다 보면 어린 시절과 연결되어 있다. 팃낙한은 누구나 어린 시절에는 아프게 보낸 기억이 있다고 이야기한다. 그 기억을 내면의 아이라고 부른다. 아프게 보낸 그 시절의 아이는 성인이 되어서도 우리를 찾아온다.

힘들었던 기억이나 부끄러웠던 일은 자신만 알고 있는 비밀로 간직하고 싶다. 누군가에게 솔직하게 터놓고 이야기하기 힘들다. 혼자 알고 있는 기억은 다시 생각조차 하기 싫다. 대부분은 잊으려고 또는 생각하지 않으려고 노력한다. 하지만 그 시절의 아이는 자신의 의지와 달리 사라지지 않는다.

전 세계인의 정신적 스승인 틱낫한 스님의 처방은 다음과 같다. 먼저 그 감정을 인정하고 잊기 위해 많은 에너지를 쏟지 않는 것이다. 그다음 자신의 감정을 돌보고 달래주는 것이다. 감정을 인정하는 것은 이 아이의 말을 인내심을 가지고 경청하며 듣는 것이다. 내면의 아이가 불쑥 떠오른 것은 당신에게 하고 싶은 이야기가 있기 때문이다. 자신의 감정에 귀를 기울여보자.

그때는 이 모든 이야기가 어떤 뜻인지 이해하기 힘들었다. 기억조차 하고 싶지 않은 그 시절의 아이와 무슨 이야기를 한다는 거지? 나에게 그런 일이 있었구나 하고 알아주면 되는 건가? 틱낫한 스님의 글들을 읽어도 해석하기는 어려웠다. 시간이 지나고 나니 자신의 감정에 귀를 기울여 듣는다는 의미를 알 수 있었다. 그 시절 자신이 느꼈을 감정에 대해 진심으로 공감하며 마주하는 것이다.

내 안의 아이가 찾아왔을 때 나의 행동은 무관심이었다. 어떻게 하면 이 기억들을 잊을 수 있을지에만 집중했다. 그때의 감정들은 인정받지 못했고 존중받지 못했다. 과거의 나에게 진심으로 위로의 말을 전한 적도 없었고, 위로한 적도 없었다.

누구에게나 기억하기 싫은 어린 시절의 기억이 하나쯤은 있다. 그 기억은 당신의 잘못이 아니니 자책하지 말자. 억지로 잊으려고 노력하며 괴로워하지 말자. 내 안의 아이는 인정받기 위해 불쑥 찾아온다. 인정하자. 그때의 당신에게 위로의 말을 건네자. 그때 참 힘들었겠구나. 그러다 보면 마음이 편안해진다. 과거의 일로 현재의 나를 힘들게 하지 말자.

♣ 불쑥 떠오르는 감정은 주기적으로 찾아오는 손님일 뿐

과거의 해결되지 않은 감정은 현재 당신의 생활에도 영향을 미친다.

약한 사람에게 함부로 하는 사람들을 보면 참기 힘든 분노가 일어난다. 학창 시절에도 전학 온 아이들을 괴롭히는 친구들을 보면 따지곤 했다. 지금도 약한 사람에게 무례한 부탁을 하거나 깎아내리는 행동을 하는 사람들을 만날 때가 있다. 나에게 무례하게 한 것도 아닌데도 그런 사람들과 관계를 지속하기 어렵다. 유난히 그런 부류의 사람들을 참기 힘들다.

알고 보니 어린 기억에 약자로 있었던 때가 떠올랐다. 어머니는 강자였고 어린 나는 약해서 이유 없이 비난받았다는 기억이 강했다. 과거의 기억은 현재의 자신을 지배했다. 약자에게 강한 사람들은 한눈에 알 수 있었고 늘 그들과 대립했다.

과거의 감정이 현재까지 이어지면 관계에 있어 걸림돌이 된다. 과거의 감정이 현재에까지 연결되지 않도록 분노의 원인을 찾아보자. 원인을 알면 마음이 한결 가벼워진다. 그러고도 해결되지 않는다면 이 감정을 잊을 만하면 찾아오는 손님이라 여기고 받아들이자.

예고하지 않고 찾아오는 손님은 불편하다. 때로는 반갑지 않을 수도 있다. 그렇다고 당신을 찾아온 손님에게 다음부터는 다시 오지 말라고 말하기도 어렵다. 우리는 예의 바른 사람들이니까. 손님은 손님답게 접대하는 것이 우리의 오가는 정이 아니겠는가. 극진히 접대하는 것이 어렵다면 손님답게 대하고 받아들이자.

♣ 새로운 기억 채워가기

새로운 기억을 채워가는 것도 방법이다. 프랑스의 철학자 마리 장 귀요는 결핵으로 35년이라는 짧은 삶을 살아가는 동안 자신의 경험을 근거로 시간 감각에 대한 이론을 만들었다. 어린 시절의 기억은 어제 일처럼 뚜렷하고 생생하게 기억에 남는다. 나이 들어서의 기억은 어린 시절의 기억처럼 생생하게 기억에 남는 일들이 많지 않다는 것이다. 어린 시절은 여러 기억이 새롭고 흥미로워서 여러 기억 장면들이 길게 연결되어 길게 느껴진다. 어른이 되어서는 반복되는 일상의 기억들이 우리의 기억 속에 저장되지 않았기 때문에 짧게 느껴진다.

당신의 기억에 길게 연결된 부정적인 사건들 이후에 어른이 되어가며 새로운 기억을 채워가야 한다. 새로운 기억과 긍정적 추억이 채워지지 않는다면, 우리의 기억은 과거의 기억에, 삶은 과거에 머무를 수밖에 없다.

　과거의 힘든 감정을 떠올려서 당신에게 좋을 것이 무엇이 있겠는가? 그 시절의 감정은 먼 옛날 과거의 추억으로 보내자. 그러기 위해 현재 새로운 추억으로 기억들을 만들어가야 한다. 어차피 잊히지 않는 감정이라면 과거의 이 감정으로 현재의 자신을 힘들게 하지 말자. 과거의 실수로 인해 괴로워하며 힘들어하지 말자. 당신 잘못이 아니라고 말해주자.

　반복적으로 찾아오는 부정적인 감정들이 있다면 피하거나 기억하지 않으려고 애쓰지 말아라. 그냥 때가 되어 찾아온 손님이구나 생각하고 받아들이자. 중요한 건 당신 마음의 평온이다. 우리가 할 일은 불청객처럼 찾아오는 손님이 찾아와도 크게 불편을 느끼지 않도록 하는 것이다. 과거 힘든 상처는 누구나 하나쯤은 있다. 이 감정이 당신의 현재를 지배하지 않도록 하자. 당신은 충분히 평온한 감정을 유지할 수 있다.

4
지금 이 순간 내 선택에 집중하라

가끔 어머니의 기분이 좋지 않은 저녁이 있었다. 어머니와 마주치면 듣고 싶지 않은 말을 들어야 할 것이 뻔했다. 알지만 이런 날은 잠도 오지 않는다. 심기 불편한 어머니는 나에게 비난처럼 들리는 말들을 쏟아 내셨다.

"이게 다 너 때문이야. 너만 아니면 내가 이렇게 안 살잖아?"
'왜 나 때문이에요? 엄마가 선택한 거잖아요!'

직접 말을 하지는 않았지만, 마음속으로는 계속 외쳤다. 현실은 아무 말도 못 했고 정말 나 때문인 듯 이어지는 말들을 모두 들었다. 그날 밤도 속상한 마음에 참 많이 울었다. 이런 밤은 주기적으로 있었다. 이유는 모르겠지만, 내 탓이었다. 그때는 이해할 수 없었다. 서글픈 마음에 어른이 되면 남 탓하지 않는 사람이 되겠다고 결심했다.

어른이 되어서야 어머니의 심정을 조금은 이해하게 되었다. 힘든 현실에 속상한 마음의 표현이었다. 남 탓으로 돌리면 마음이 조금 편하긴 하다. 어머니는 그렇게 마음을 비우셨겠지.

남 탓을 하다 보면 잘 안 되는 상황의 원인이 쉽게 정리된다. 가령 보고서의 내용이 잘못되어 문제가 되었을 때 보고서를 작성한 홍보팀 탓으로 돌리면 원인은 쉽게 정리된다. 작성한 팀의 잘못이므로 당신에게는 책임이 없다. 책임질 일이 없으니 마음이 편안해진다. 다음에 비슷한 상황에 대해서 준비할 필요도 없다. 하지만 지금의 상황은 변하지 않는다.

남 탓을 하면 에너지를 소모하게 된다. 상대가 순순히 받아들이지 않는다면 끝이 보이지 않는 다툼이 이어진다. 현실을 해결하는 것이 우선이다. 해결을 위해서는 당신이 할 수 있는 일들을 시도하자. 남 탓을 하면 원인은 알지만, 당신이 할 일은 없다. 상황도 달라지지 않는다. 당신이 해야 할 일을 찾아보자.

♣ 내가 할 수 있는 일을 찾으면 해결이 보인다

빌 게이츠는 "가난하게 태어난 것은 당신의 탓이 아니다. 하지만 죽을 때도 가난한 것은 당신의 탓이다."라고 했다. 인생의 시작은 우리가 결정할 수 없다. 하지만 살면서 만나게 되는 상황들은 당신의 선택이다. 이러한 선택의 결과물은 결국 자신의 책임이다.

남 탓을 할 수도 있다. 문제는 그 이후의 행동에 있다. 다음에도 이번과 같은 상황이라면 '어떻게 할 것인가? 같은 상황이 반복되도록 두고 볼 것인가? 어떻게 해도 지금보다 좋아질 방법이 없는 것인가?'라는 문제에 대해 고민해봐야 한다.

한 소년이 길을 가다 우연히 반짝이는 무언가를 발견했다. 가까이 다가가 보니 반짝이는 그것은 500원짜리 동전이었다. "우와, 이렇게 쉽게 돈이 생기다니…." 소년은 기뻐하며 다음 날에도 그 길을 지나갔다. 혹시나 동전이 있을지 몰라 바닥을 잘 살피며 걸었다. 이번에는 길가의 나뭇잎 사이로 1,000원을 주웠다. "오늘은 천 원이야. 다음부터는 길을 잘 살피며 걸어야겠어." 그 후 소년은 바닥에 돈이 있을지 모른다며 땅을 유심히 보며 걸었다. 큰돈은 아니지만 제법 돈이 모였다. 길을 걸을 때 땅을 보며 걷는 건 소년의 습관이 되었다. 청년이 되어서도 중년이 되어서도 땅을 보며 걸어갔다.

그렇게 길거리의 돈을 모으는 동안 관심은 바닥에 집중되었다. 늘 고개를 숙이고 땅을 보며 걸었다. 오가며 마주치는 사람과 인사를 하는 법이 없었다. 계절이 바뀌어도 아름다운 계절의 변화를 볼 수 없었다. 사람들은 그를 땅만 바라보는 소극적인 사람이라 여겼다. 누구와도 인사를 나누지 않는 그를 좋게 바라보는 사람은 없었다.

중년이 되어서야 그는 그러한 자신의 삶에 문제가 있다는 것을 알았다. '내가 땅만 바라봐서 사람들이 나를 오해했구나. 아래를 바라보며 걷는 동안 주변을 더 잘 살폈어야 했는데, 이게 다 그때 그 500원 때문이야. 내가 그날 길을 가다 500원을 줍지만 않았어도 이런 일이 생기지는 않았을 거야.'

　고개를 숙이고 걸어 다니는 습관은 어린 시절 주운 500원 때문일 수 있다. 잠시 속상한 마음에 그날의 상황을 탓할 수 있다. 그다음 어떠한 행동을 하느냐에 따라 현재와 미래는 결정된다. 지난날의 500원을 탓하며 지금처럼 고개를 숙이며 살아갈 수도 있다. 아니면, 지금이라도 주변을 돌아보며 살 수도 있다. 지금이라도 알았으니 어떻게 개선할지 당신이 할 수 있는 일들을 찾아보자. 살아가면서 하게 되는 선택은 당신의 책임이다.

♣ 지금 현재에 집중하라

　초등학생인 딸의 성적표를 받은 아버지는 기분이 좋지 않다. 업무상 들른 딸의 친구 집에서 자녀의 공부를 도와주는 친구 아내의 모습을 보니 더욱 심기가 불편하다. 딸의 낮은 성적이 집에서 공부를 봐주지 않는 부인 때문인 것만 같았다. 불편한 마음으로 집에 와서 부인에게,

"복길이 어딨어?"

"놀러 갔겠죠."

"성적을 그렇게 받고도 놀러 가? 어디로 갔는데?"

"몰라요. 어디 친구들이랑 놀겠죠."

"당신이 아이에게 관심을 가지지 않으니 복길이 성적이 그런 거 아니야? 공부 안 시키고 뭐 했어?"

"내가 공부시킬 시간이 어딨어요? 농사일도 바쁜데, 당신도 학교 다닐 때 공부 못했다면서요?"

최근 재방송으로 방송된 〈전원일기〉의 한 장면이다. 부부는 이렇게 서로의 탓을 하며 옥신각신했다. 서로 탓을 하지만 누구도 인정하지 않으니 서로의 감정은 상할 대로 상했다.

다음에도 부부가 지금과 비슷한 대화를 나눈다면 게임을 하고 있다고

볼 수 있다. 교류 분석에서는 위와 같은 상황을 게임이라고 부른다. 부부는 지금 '네 탓이야' 게임을 하고 있다. 이 게임을 하는 목적은 자신의 탓이 아니라 책임이 없다는 것을 확인하는 목적이다. 책임을 상대방에게 전가하는 것이다.

대화를 들여다보면 상대 탓을 하는 사람의 잘못을 찾을 수 있다. 딸의 학교 공부를 살펴주지 않는 부인 탓을 하는 아버지는 자신도 딸의 공부에 관심을 가지지 않았다. 이 게임을 멈출 방법은 현재를 바라보는 데 있다. 현재에 집중하고 자신이 문제를 해결할 수 있도록 한다. 가장 좋은 것은 복길이 아버지가 "나도 복길이 공부에 관심을 많이 못 가졌어. 일주일에 한 번이라도 공부를 봐줘야겠어. 도와줘." 하면 좋다. 스스로 자신의 탓을 인정하고 책임지는 행동을 하게 되면 상황은 잘 해결될 수 있다.

살면서 남 탓을 하고 싶은 순간이 있다. 남 탓을 하는 행동은 책임을 전가하는 어린아이의 태도이다. 잠시 남 탓을 하며 마음이 편안해질 수 있지만, 지속해서 반복되어서는 안 된다. 현재에 집중해서 해결하는 책임은 당신에게 있음을 기억하자. 남 탓하는 사람 대부분은 자신의 잘못을 부인한다. 남 탓도 있지만 때로는 내 탓도 있다. 자신의 문제를 인정하자. 그리고 현재에 집중하자. 같은 상황이 반복되지 않도록 현재에 집중하며 남 탓할 일도 없다. 선택은 당신의 결정에 달려 있다.

Clover Tip

상대가 내 편이 되는 말하는 법

1. 상대를 좋은 사람으로 생각하고 대화를 시작한다.

2. 상대가 당신의 제안에 동의할 거라는 태도로 대한다.

https://youtu.be/7pumrjdv1Q8

5

왜 사는가? 삶의 의미를 찾아라

어린 시절 밥을 남기면 어른들에게 듣는 말이 있다. "너 음식을 남기면 지옥 간다. 네가 남긴 음식을 평생 먹게 될 거야." 이 한마디면 언제 그랬냐는 듯 밥그릇을 깨끗하게 비웠다. 그곳에 가면 끔찍한 고통이 기다리고 있으니 가서는 안 될 곳이기 때문이다.

요즘 '헬조선'이라는 말을 쉽게 접하게 된다. 지금 삶이 얼마나 힘든지를 표현한 말이다. 어린 시절부터 들어온 지옥에 대한 정보를 조합해보면, 불구덩이에서 끝이 없는 고통을 겪게 되는 곳이다. 경험해보지 않은 곳이지만 상상만 해도 끔찍하다. 끝도 없이 힘든 고통이 지속해서 계속되는 그곳은 나오기 위한 어떤 해결책도 없으며 노력도 통하지 않는다. 할 수 있는 건 신세 한탄이 전부일 수 있겠다.

지금을 지옥이라고 말하는 이유는 자신이 어떠한 것도 할 수 없다는 신세 한탄을 하고 있기 때문이다. 힘든 현실에서 무엇이든 해서 나오고 싶다. 그렇지만 할 수 있는 건 고통을 참아내는 것뿐이라는 생각은 지금을 지옥에 비유하게 된다. 할 수 있는 것이 아무것도 없다면 이곳은 지옥이 맞다. 당신이 할 수 있는 것이 진정 아무것도 없다고 생각하는가? 할 수 있는 것이 없다는 당신의 생각이 지옥에 서 있는 듯한 감정으로 이끄는 것은 아닐까?

할 수 있는 일들이 있다고 생각하면 고통이 아니다. 할 수 없다고 생각하면 그때부터 고통이 시작된다. 당신의 힘으로 해결할 방법들을 찾아보자. 그리고 할 수 있다고 생각하자. 할 수 있는 일을 찾으면 지옥에서 벗어날 수 있다.

♣ 스스로를 연예인이라 부르는 이지선 씨

『지선아 사랑해』라는 책으로 30만 부의 베스트셀러 작가가 된 이지선 씨. 평범한 대학생이던 그녀에게 찾아온 교통사고는 전신 55%에 3도 화상을 남겼다. 희망의 아이콘으로 소개되는 그녀의 얼굴을 보면 선명하게 남아 있는 화상 자국에 놀라게 된다. 군데군데 화상으로 파인 얼굴과 손을 보고 있자면 그녀가 경험했을 아픔과 고통의 깊이가 전해진다.

한 텔레비전 프로그램에 나온 그녀는 자신을 연예인과 비슷하다며 소개한다. 차 안에 햇빛이 들어오지 않게 짙은 썬탠을 한 차를 타고 다닌다. 자신을 한 번 본 사람들은 다시 본다는 것이 연예인과 비슷하다는 것이다. 웃으며 경쾌하게 자신을 소개하고 있는 그녀를 보고 있자면 치료하는 과정에서의 고통이 없었던 사람인가 하는 의심도 든다. 보통의 사람이라면 '왜 나에게 이런 일이 생긴 거야? 왜 하필 나야?'라며 신을 원망하는 마음이 있을 법하기 때문이다. 그녀에게서는 어떠한 원망도 느껴지지 않았다.

생사의 기로에 선 중환자실에서의 생활과 반복되는 수술은 견디기 힘든 일이다. 상처의 아픔으로 몸도 아프지만, 얼굴의 화상으로 마음고생도 심했을 것이다. 사고 이후 자신의 얼굴을 처음 봤을 때 눈이 감기지 않고 부은 두 눈을 보며 어떤 심정이었을까? '내 얼굴이 아닐 거야!'라고 현실을 부정하고 싶었다고 한다. 가해자에 대한 원망도 있었지만 잠시였다. 원망하면 할수록 자신만 힘들다는 것을 알았기 때문이다.

이지선 씨는 지금 UCLA 사회복지학 박사이고, 대학교수이다. 그녀는 사고를 통해 전에는 알지 못했던 장애를 알게 되었다. 장애인들에 대한 편견을 줄이고, 그들의 복지를 위해 공부했다. 장애를 겪은 이후의 삶을 새로운 기회로 삼고 자신이 할 수 있는 일을 찾아 지금은 제2의 인생을 살고 있다.

신세 한탄하고 절망할수록 힘든 건 당신의 몫이다. 지금이 지옥처럼 느껴지는 것은 스스로 아무것도 할 수 없다고 생각하는 당신의 절망이 만들어낸 결과이다. 당신이 할 수 있는 것을 찾아봐라. 할 수 있는 것이 있다면 그때부터 희망이 보인다. 할 수 있는 것을 찾고 왜 살아야 하는지 의미를 부여해보자.

♣ 왜 살아야 하는지를 아는 사람은 그 어떤 상황도 견딜 수 있다

20세기 인간이 인간에게 행했던 가장 잔혹한 역사의 상징인 아우슈비츠 수용소, 잔혹하기로 유명한 아우슈비츠 수용소에서 빅터 프랭클은 아버지, 어머니, 형제, 아내의 죽음을 경험한다. 유일한 생존자는 자신과 누이뿐이다. 정신과 의사였던 그는 의사로서의 삶과 가치뿐만 아니라 가진 모든 것을 빼앗긴 삶을 살아야 했다. 가진 건 추위와 굶주림, 언제 가스실에 보내질지 모르는 죽음의 공포뿐이었다.

빅터 프랭클은 아우슈비츠 수용소에서의 경험을 통해 로고테라피를 창시했다. 로고테라피는 의미치료라고도 하는데 삶의 의미와 목표를 설정하는 것이 목적인 심리 치료 기법이다. 빅터 프랭클은 수용소에서의 생활을 통해 삶에서의 목적이 중요하다는 것을 체험한다. 수감 생활에서 경험한 구타와 모욕 비인격적 대우를 참아낼 수 있었던 건 그에게 살아남기 위한 의미가 있었기 때문이다.

하루는 그의 동료가 자신의 꿈 이야기를 했다. 어젯밤 신의 계시를 들었는데 3월 31일에 전쟁이 끝나고 수감 생활도 끝이 난다는 것이다. 동료는 3월 31일에 전쟁이 끝날 것이라 굳게 믿었다. 시간은 흘러 3월 31일이 다가오지만, 동료의 믿음과는 달리 전쟁은 여전히 계속되었다. 전쟁이 끝날 기미가 보이지 않자 동료는 아프기 시작했고 3월 31일 사망했다. 동료는 3월 31일에 얻게 되는 자유만을 바라보고 살았는데, 그 목적이 좌절되자 사망하게 된 것이다. 삶의 의미를 잃게 되면서 삶을 살아가야 하는 동력을 잃게 된다. 프랭클은 "왜 살아야 하는지를 아는 사람은 어떤 상황에서도 견디어 낼 수 있다."라는 니체의 말을 통해 삶의 의미의 중요성을 설명한다.

사람들에게 저마다 삶의 의미는 다르다. 그 의미를 찾아가는 것은 개인의 몫이다. 지금이 지옥같이 힘들다는 것은 아직 삶의 의미를 찾지 못했다는 의미이기도 하다. 살아야 하는 이유는 무엇인지 의미를 찾아내고, 그 의미를 실현하기 위해 자신이 할 수 있는 있을 찾을 수 있는 사람은 현실이 즐겁다. 남들은 고통이라고 하는 삶일지 모르지만, 고통마저도 즐겁다. 지금이 고통이라고 신세 한탄이 나온다면 당신이 왜 살아야 하는지 의미를 찾아야 한다.

   삶의 의미는 어떻게 찾아야 할까? 빅터 프랭클은 이와 같은 질문에 자신이 맡은 자리에서 가치를 만들어내기 위해 노력할 것을 제안한다. 어떠한 일을 하고 있든지 직업은 문제 되지 않는다. 자신이 하는 일에 최선을 다하여 사명감을 가지고 일을 하는 과정에서 삶의 의미를 찾을 수 있다. 당신에게 주어진 일들과 지금 할 수 있는 일에 최선을 다하는 과정에서 삶의 가치가 창조된다.

   이지선 씨와 빅터 프랭클의 공통점은 극한 상황에서 제2의 인생을 준비했다는 것이다. 힘든 과정이지만 자신이 할 수 있는 일을 찾아보고 그 일에 의미를 부여할 수 있다면 더는 삶이 고통이 아니다. 자신의 의지에 따라 날마다 천국 같은 일상을 살아갈 수 있다.

'내가 성공할 수 있을까?'라는 심정으로 시작했지만
이제는 '그래, 나도 성공할 수 있어!'라는 확신을 채울 수 있을 것이다.

에필로그

지금 당신을 위한 역사를 쓰라, 행운을 만들어라!

대학원 수업에서 라이프 코칭을 배울 때였다. 코티와 코치가 되어 실습하며 대화법과 코칭 스킬을 배워가는 시간이라 서로에 대한 이야기를 많이 하는 과정이었다. 코치의 질문을 받으며 보다 깊이 있는 대화를 이어가게 된다. 어느 날 교수님께서 이런 말을 하셨다.

"재미있다는 말을 많이 하세요. 본인에게 재미라는 것이 어떤 의미인가요?"

"제가 그랬나요? 몰랐는데요. 일상이 재미있어요."

그때 알았다. 내가 재미있다는 말을 자주 하고 있다는 것을 말이다. 언젠가부터 일상이 재미있고, 하루하루가 신이 난다. 늦게까지 강의를 준비하다 보면 피곤하고 힘들지만 그런 과정이 재미있다. 어려운 프로젝트를 수행하게 되면 고민하고 신경 쓸 일도 많지만 새로운 경험을 하는 것도 재미있다. 새로운 도전을 좋아하는 편이다. 과하지 않은 소소한 열정을 간직하고 있기 때문이다.

냉소적이고 부정적이던 사람이 어떻게 변할 수 있었을까? 기억을 거슬러 떠올린다면 스스로 할 수 없다고 생각했던 것과 할 수 있다고 생각한 것의 차이에 있다. 인생의 행운은 저절로 오지 않는다. 자신이 만들어 가는 것이다.

책 속의 글 중 기억에 남는 말이 있다. 마쓰시다 고노시케의 말이다. "나는 3가지 행운을 가지고 태어났다. 가난해서 남보다 부지런했고, 허약해서 건강을 관리했으며 배우지 못해 더 많이 배우고 노력했다." 환경이 사람을 만든다고 하지만, 사람이 환경을 만들기도 한다. 인생의 성공을 만드는 마법의 노하우를 알게 된 여러분이라면 환경을 당신의 의지로 바꿀 수 있을 것이다.

지금, 당신을 위한 역사를 쓰기에, 충분한 나이이고 시기이다. 현재를 자신을 위한 역사로 새로 시작할 수 있도록 보다 적극적으로 삶에 뛰어들자. 당신에게는 불행도 있지만, 장점도 있다. 마쓰시다 고노시케의 부지런함이 그의 가난을 이겼다. 시작의 한 걸음은 작지만 꾸준히 모인다면 당신만의 경쟁력이 될 수 있다. 『클로버(인생의 행운을 만드는 마법의 노하우)』를 접하게 된 여러분의 성공 소식이 연이어 들리기를 기대해 본다. 미래는 당신에게 달려 있다.

마지막으로 늘 헌신으로 큰딸을 지지해주시는 어머니께 감사의 마음을 전한다. 저녁이면 하루 있었던 일들을 이야기해주는 사랑스러운 아들 현수가 어른이 되어 이 책을 읽었으면 좋겠다. 읽고 도움이 되었다는 말을 해준다면 더욱 기쁘겠지. 나의 새로운 도전에 한결 같은 믿음으로 응원해주는 남편 용연 씨에게도 고마운 마음을 전한다.